Elke Werner

Du bist der Gott, der mich sieht

Als Frau das eigene Leben gestalten

R. BROCKHAUS

RB*taschenbuch Bd. 615*

© 2002 R. Brockhaus Verlag Wuppertal
Umschlaggestaltung: Ursula Stephan, Wetzlar
Umschlagfoto: ZEFA, Düsseldorf
Gesamtherstellung: Breklumer Druckerei Manfred Siegel KG
ISBN 3-417-20615-4
Bestell-Nr. 220 615

INHALT

Heilung für gestern, Kraft für heute, Mut für morgen

Ein Geschwisterkind wird geboren. Das ist eine aufregende Sache, besonders für das ältere Geschwisterchen. Es möchte nämlich unbedingt mit dem kleinen Baby alleine gelassen werden. Die Eltern befürchten Schlimmes und denken: Können wir das machen? Ist das richtig? Kommt dann die Eifersuchtsattacke? Wie sieht unser Baby hinterher aus?

Nach langem Quengeln und Zögern lassen sie sich auf den Vorschlag des älteren Kindes ein, aber sie lassen die Tür einen kleinen Spalt offen, um das Geschehen zu beobachten und auch im Notfall schnell eingreifen zu können.

Das ältere Geschwisterchen beugt sich über das Bettchen und sagt zu dem Baby: »Sag mal, wie war das noch mal beim lieben Gott? Ich hab das alles schon wieder vergessen.«

Ja, wie war das beim lieben Gott?

Die Sehnsucht nach Gott bringen wir schon mit in unser Leben. Nicht immer im Leben haben wir das Gefühl, so nahe bei Gott zu sein wie ein neu geborenes Kind. Nicht immer sind wir überzeugt: Er ist wirklich da. Aus der Geborgenheit im Bauch der Mutter kommen wir in ein Leben hinein, das uns prägt. Das Spuren hinterlässt. Das manchmal auch Gott weit entfernt scheinen lässt.

Heilung für gestern

Jeder Mensch hat eine Geschichte. Selbst ein neu geborenes Baby hat schon eine Geschichte, auch eine Geschichte mit Gott. Denn es heißt in der Bibel: »Als ich gerade erst entstand, hast du mich schon gesehen. Alle Tage meines Lebens hast du in dein Buch geschrieben, noch bevor einer von ihnen begann!« (Psalm 139,16-17)

Jeder Mensch hat eine Geschichte, die lange vor der Geburt beginnt. Bis zu dem Zeitpunkt, von dem an Menschen Einfluss nehmen können und das Kind in eine sündige Welt hineinkommt, bis dahin ist es eine gute Geschichte. Eine Geschichte voller Pläne, Ideen und Phantasien Gottes für das Leben. Gott nimmt in seiner schöpferischen Arbeit z. B. etwas Phantasie und viele Gaben und Möglichkeiten, das spezielle Aussehen und den Humor und schafft daraus einen neuen Menschen und sagt: Sehr gut, gut geworden, wirklich gelungen!

So geht die Geschichte Gottes mit uns los: Ich bin ein gewollter Mensch. Gott hat mich gewollt. Egal, ob meine Eltern mich wollten, ich bin gewollt, geliebt, geplant, ausgedacht, mit viel Freude zusammengestellt. Gott hat seine Geschichte mit mir begonnen. Nicht für alle unter uns ist es so glücklich weitergegangen. Manche haben schnell gemerkt, vielleicht auch schon im Bauch der Mutter, dass sie nicht willkommen sind. Dass sie vielleicht gar nicht geplant waren, oder dass ein Junge geplant war und dann ist ein Mädchen draus geworden. Schon zu diesem frühen Zeitpunkt wird unser Leben in eine bestimmte Richtung geprägt. Wir bekommen eine Geschichte, die nicht immer hilfreich ist. Eine Geschichte, die letztlich nicht Gottes Geschichte mit uns ist, sondern die uns vor allem mit Menschen verbindet, die uns geprägt haben. Aus Gottes gutem Rohstoff haben Menschen uns geformt und geprägt. Sie haben ihre Spuren hinterlassen.

Wir alle sind das Produkt von gestern, aber mit den Chancen von morgen.

Gott sieht mich

Ich möchte eine junge Frau aus der Bibel vorstellen. Ihre Geschichte finden wir im Alten Testament (1. Mose 16). Sie ist Ausländerin. Sie arbeitet als einfache Hilfskraft am Hof des Königs. In einem Königshaus, in dem der Königssohn als Gott verehrt wird. Und dann erfährt ihr Leben eine ganz große Wende: Sie wird einer Nomadensippe mitgegeben, bei der ihr Herr und König etwas gutzumachen hatte. Der Pharao musste die Sippe von Abraham und Sara ziehen lassen und gab ihnen Hagar als Geschenk mit. Diese junge Frau hatte bis dahin nur einen Gott kennen gelernt, und das war ein Mensch, der als Gott verehrt wurde, nämlich der Pharao. Dann kam sie in eine fremde und fromme Familie, die an einen lebendigen Gott glaubte, die sich aber gar nicht immer danach verhielt. Auch Abrahams Familie nahm ihr Schicksal letztlich doch oft in die eigene Hand, anstatt den Verheißungen Gottes zu vertrauen. Abraham und Sara wollten selber dafür sorgen, dass der ersehnte Nachkomme endlich geboren wird. Deshalb nahmen sie Hagar, eine Sklavin, eine Frau ohne Rechte, ohne eigene Chancen im Leben, und sagten: Du wirst uns dieses Kind zur Welt bringen. Hagar wird zur Leihmutter. Ein langer Leidensweg beginnt für sie. Sie kennt den Gott nicht, von dem immer alle reden, sie kennt die Lebensweise der Nomaden nicht: mit Tieren unterwegs zu sein, gar nicht zu wissen, wo es eigentlich hingeht – und dennoch muss sie es mitmachen. Und sie trägt dann dieses Kind, von dem sie gar nicht sagen kann, dass es ein Wunschkind ist.

Als die Schwierigkeiten zwischen Sara und Hagar zu groß werden und das Leben wirklich zur Hölle wird, flieht Hagar. Sie flieht und begibt sich auf den Weg zurück in ihre alte Heimat. In einer Oase macht sie Rast. Und in dieser Oase passiert etwas ganz Besonderes, da begegnet ihr Gott. Der lebendige Gott, den sie bis dahin nur vom Hörensagen kannte, stellt ihr zwei interessante Fragen.

Er fragt: Hagar (er kennt ihren Namen!): »Woher kommst du? Und wohin gehst du?« Er fragt nach Vergangenheit und Zukunft.

Es gibt solche Oasenmomente auch für uns, Zeiten, in denen wir erleben, dass Gott wirklich da ist. Und vielleicht fragt Gott auch uns heute: Woher kommst du? Vor was, vor wem, vor welchen Lebensumständen fliehst du? Was willst du hinter dir lassen? Zu welchen Dingen in deinem Leben sagst du: Das halte ich einfach nicht mehr aus? Da muss ich aufbrechen, da will ich weg? Woher kommst du? Und wohin gehst du? Was sind deine Möglichkeiten, deine Alternativen?

Als Gott Hagar begegnet und ihr diese beiden ganz einfachen Fragen stellt, da lernt sie Gott kennen. Und sie sagt: »Du bist der Gott, der mich sieht.« Das ist der Name, den sie Gott gibt: Du bist der Gott, der mich sieht. Du siehst nicht nur Abraham und Sara, nicht nur die, die sowieso schon lange mit dir unterwegs sind, nicht nur die, die für sich in Anspruch nehmen, Gottes Volk zu sein. Du siehst mich. Eine ägyptische Sklavin. Eine Frau ohne Rechte.

Was Hagar erfahren hat, gilt auch uns. Wir können sagen: Gott sieht mich. Und er fragt mich: »Wo kommst du her? Und wo gehst du hin?«

Was antworte ich? Wo komme ich her? – Antworte ich auch: »Du bist der Gott, der mich sieht«?

Eigentlich wünschte man sich, dass Gott in der Geschichte sagt: Hagar, du hast schon so viel gelitten, ich helfe dir nach Hause zu kommen, du wirst diese ganzen schwierigen Umstände hinter dir lassen. Das Wunder geschieht, Abraham und Sara werden immer nett zu dir sein, du wirst jetzt hofiert und verwöhnt werden.

Nein, wer die Geschichte kennt, und ich empfehle Ihnen, sie noch einmal nachzulesen, weiß: Gott sendet Hagar zurück in die gleichen Umstände (1. Mose 16,9). Aber mit einer anderen Perspektive: Sie weiß jetzt, dass es einen Gott gibt, der sie sieht und der ihre Bedürfnisse wahrnimmt. Und der auch für sie einen Weg hat. Er benutzt sie nicht nur, um Abraham einen Nachkommen zu schaffen, sondern er hat für ihr Leben und für ihre Nachkommenschaft einen eigenen Weg und eine eigene Verheißung.

Vielleicht denken Sie jetzt: Ich bin zwar schon in diesen frommen Kreisen aufgewachsen und ich glaube das auch alles, aber die Gewissheit, dass Gott mich sieht, ist mir verloren gegangen. Ich kann für andere glauben, ich kann für andere beten, ich kann vertrauen, dass Gott bei anderen hilft, aber meine persönliche Situation hat sich über Jahre nicht geändert. Und ich bin an bestimmten Punkten nicht heil geworden, und in bestimmten Dingen, für die ich jahrelang bete, hat sich überhaupt nichts getan. Ich habe die Flucht ergriffen.

Dann fassen Sie den heutigen Tag als Ihre Oase auf. Gott will Ihnen heute begegnen und sagen: Ich bin der Gott, der dich sieht. Jetzt vergiss mal alle anderen. Dir will ich eine neue Perspektive geben. Vielleicht ist der morgige Tag genau so wie der heutige, vielleicht ändert sich äußerlich überhaupt nichts, aber ich sehe dich und ich habe eine Verheißung für dich.

Der Rückspiegel

Ich bin viel mit dem Auto unterwegs. Zum Autofahren braucht man ja die verschiedenen Spiegel, unter anderem den Rückspiegel. Das ist nicht in allen Ländern so. Mit meinem Mann reise ich oft in Ägypten und im Sudan. Er ist Afrikanist, hat also afrikanische Sprachen studiert, und hat manchmal beruflich dort zu tun. In diesen Ländern war es lange üblich, beim Fahren nur auf den Straßenverkehr vor sich zu achten. Was hinter einem vorgeht, interessiert nicht. Man schaut nach vorne, und wenn man dort durchkommt, dann kann hinten auch nicht viel passieren – eine etwas andere Philosophie des Autofahrens. Aber in Deutschland braucht man den Rückspiegel. Gerade beim Überholen schaut man hinein, um im Bilde zu sein, wie der Verkehr hinter einem aussieht. Was könnte mir gefährlich werden, wenn ich jetzt noch einen Zahn zulegen will? Wer holt mich ein?

Wenn wir nicht mehr in den Rückspiegel schauen, merken wir nicht, welche Gefahren uns von hinten einholen. Wenn ich nicht mehr darauf achte, ob mit meiner Vergangenheit eigentlich alles in Ordnung ist, wenn ich nur noch nach vorne schaue, dann kann es mich von hinten übel erwischen. Dann hat der Feind Gottes, der Teufel, eine Angriffsfläche und kann mich ganz schnell überwältigen, weil ich gar nicht merke, woher die Gefahr kommt. Deswegen lohnt es sich, über die eigene Vergangenheit nachzudenken unter dem Aspekt: Du bist der Gott, der mich sieht!

Konflikte mit Menschen begleiten unser Leben von Anfang an: Geschwister, Eltern, Verwandte, Freunde, Nachbarn, Lehrer. Konflikte mit Menschen können uns einholen. Wenn wir *den* Namen hören, wenn wir an *diese* Person denken, dann bricht etwas in uns auf. Ich habe mal von einer Frau gehört, die ärgerte sich über den englischen König Heinrich VIII., weil der seine Frauen umbringen ließ. Nun, sie hat Heinrich VIII. nie kennen gelernt, denn er lebte lange vor ihrer Zeit. Aber immer wenn sie irgendetwas über ihn las oder hörte, dann ging bei ihr innerlich das Messer auf, und sie dachte: Oh, dieser Kerl! Wenn ich den mal in die Finger kriegen würde!

Aber es gibt ja auch Menschen in unserer näheren Umgebung, die wir kaum ertragen können. Wenn wir nur den Namen hören, wenn wir uns an bestimmte Situationen erinnern, kochen wir schon vor Wut.

Solche Lasten kann man sicherlich eine Zeit lang mitschleppen im Leben, aber sie werden immer schwerer. Solche Lasten vermehren sich mit jedem Jahr, sie verdoppeln ihr Gewicht ständig. Wut, ungelöste Konflikte, Streit, Hass – das nimmt uns gefangen.

Und deswegen ist es wichtig, einmal zurückzuschauen, immer wieder zurückzuschauen. Ist mein Leben eigentlich »aufgeräumt«? Habe ich die Konflikte, die ich mit Menschen hatte, geklärt? Oder kann mich da etwas von hinten erwischen, das mich umhaut? Was mich zusammenbrechen lässt, wenn noch einmal eine Winzigkeit dazukommt?

Drei Pfund Kraft

Jeder Mensch hat ein gewisses Kontingent an seelischer Kraft. Stellen wir uns das mal einfach vor: Etwa drei Pfund seelische Kraft habe ich. Und ich kann diese drei Pfund seelische Kraft nur als drei Pfund einsetzen. Die vermehren sich nicht, die bleiben immer gleich. Wenn ich davon zwei Pfund mit meiner Vergangenheit besetze, habe ich nur ein Pfund, mit dem ich heute leben kann. Wenn ich Dinge aus der Vergangenheit nicht ausräume, binden sie meine Kraft. Und diese Kraft steht mir nicht mehr zur Verfügung für das, was ich heute zu tun habe, oder was Gott morgen von mir möchte. Weil sie besetzt ist durch negative Erfahrungen.

Wir alle kennen Menschen, die im Alter liebevoll und attraktiv sind, zu denen man sich hingezogen fühlt. Das sind Menschen, die haben ihre drei Pfund, ihre Vergangenheit ist sauber, geklärt, gelöst. Die haben ihre ganze Kraft frei für den Moment. Die schleppen keine Altlasten mit sich herum. Und es gibt Menschen, um die macht man einen Bogen, ob sie alt oder jung sind, weil man das Gefühl hat: Da tritt mir was Negatives entgegen. Da weht mir eine eisige Kälte ins Gesicht. Wenn ich mich diesem Menschen nähere, habe ich Angst mich zu verletzen, denn es könnte sein, dass er mich als sein Opfer auswählt und seine unterdrückte Wut an mir auslässt. Nur weil ich jetzt gerade zum falschen Zeitpunkt an ihn geraten bin.

Gesäuberte Wunden

Lassen Sie uns zurückschauen und unsere Wunden reinigen, damit Gott heilen kann. Denn nur eine saubere Wunde kann verheilen. Wenn Sie einmal nachdenken: Welche Menschen fallen Ihnen ein, mit denen Sie noch etwas zu besprechen haben? Welche Konflikte, die ungeklärt sind? – Das kann die Nachbarin sein, der Ihr Vorgarten nicht ordentlich genug ist. Das kann die Mutter eines anderen Kindes im Kindergarten oder in der Schule sein. Das können Verwandte sein, von denen Sie sich im Streit getrennt haben. Dann versuchen Sie vielleicht, Gras über die Sache wachsen zu lassen, doch das will nicht recht gelingen. Wenn Ihnen etwas in dieser Art einfällt, nehmen Sie es ernst.

Gott fragt: Wo kommst du her? Was schleppst du mit dir herum? Was musst du heute in dieser Oase zurücklassen, damit du wieder zurückgehen kannst an deinen Platz? Und damit du deine ganze Kraft hast, denn deine Aufgaben sind groß.

Konflikte mit Menschen

Es gibt verschiedene Arten von Sprichwörtern: Manche stimmen, manche tragen einen Funken Wahrheit in sich und manche stimmen überhaupt nicht. Meiner Einschätzung nach stimmt das oft zitierte Wort, das ich jetzt nenne, überhaupt nicht: Die Zeit heilt die Wunden. Ich habe das noch bei keinem Menschen beobachten können. Die Zeit lässt Wunden in den Hintergrund treten, aber oft genügt ein Wort und der ganze Schmerz ist wieder gegenwärtig. Die Zeit allein heilt Wunden nicht. Der Tod eines geliebten Menschen kann ein Jahr zurückliegen, 5 Jahre, 10 Jahre, 20 Jahre, es tut immer noch weh. Der Streit, der nicht zu einem guten Ende gekommen ist, beeinflusst vielleicht bis heute meine Leben. Ob er

5 Jahre zurückliegt, 10 Jahre, 20 Jahre oder 30 Jahre, ist vollkommen egal. Heute ist mein Leben davon geprägt. Das Sprichwort »Die Zeit heilt Wunden« stimmt so einfach nicht.

Eine Freundin aus Georgien im Kaukasus, die eine Zeit lang bei uns lebte, hat mir ein Volksmärchen aus ihrer Heimat erzählt:

Ein Mann und ein Bär trafen sich im Wald und freundeten sich an. Sie hatten viel Spaß zusammen. Immer wieder begegneten sie sich im Wald, verbrachten Zeit miteinander, tauschten sich aus, erzählten und wurden mit der Zeit gute Freunde. Eines Tages sagte der Mensch: »Eigentlich müsstest du doch auch mal meine Familie kennen lernen, komm doch mal zu uns nach Hause.« Und der Bär sagte: »O ja, das mache ich gerne, ich komme.«

Die Frau des Menschen kochte ein gutes Essen, alles war vorbereitet. Der Bär kam, die Frau sah ihn an der Tür und bekam Angst. Zwar war ihr Mann mit ihm befreundet, aber wer weiß, wie der Bär auf sie reagieren würde?

Viel schlimmer als ihre Bedenken war aber, was sie sagte, als der Bär zur Tür hereinkam: »Oh, der stinkt!«

Der Mann überspielte die peinliche Situation und ging vor zum Essen. Der Bär sah das Besteck und dachte: Was mache ich denn jetzt?

Der Mensch zeigte ihm, wie man mit dem Besteck isst. Der Bär versuchte es und schnitt sich tief in seine Tatze, so dass es blutete. In hektischer Betriebsamkeit sprangen der Mensch und seine Frau vom Tisch auf, holten Verbandszeug, versorgten die Wunde und halfen dem Bären beim Essen. Das Essen ging vorüber, ebenso der gemeinsame Abend, man ging auseinander. In der darauffolgenden Zeit mied der Bär den Mann.

Dem Mann fiel auf, dass er im Wald den Bären nicht mehr

antraf. Er dachte: Oh, vielleicht ist das wegen dieser Schnitt-wunde, vielleicht ist er jetzt beleidigt.

Eines Tages trafen sich die beiden doch wieder. Sofort fragte der Mann den Bären: »Du, sag mal, diese Wunde an deiner Pfote, ist die verheilt?«

»Ja«, sagte der Bär, »*die* Wunde ist schon lange verheilt, aber die andere noch nicht.«

Und er meinte die Bemerkung der Frau: »Der stinkt!«

Die Macht der Worte

Worte können so verletzend sein. Worte können das ganze Leben ändern, können eine ganze Beziehung zerstören, wenn sie nicht vergeben werden, wenn sie nicht zurückgenommen werden, wenn sie nicht entschuldigt werden. Bis heute sind wir geprägt von Worten, die uns einmal gesagt wurden. Ein neu geborenes Kind kommt uns Menschen oft vor wie ein un-beschriebenes Blatt. Wenn wir einem Kind nicht sagen, wie es ist, was es kann, was es nicht kann, dann wird es das viel-leicht gar nicht herausfinden. Wir sagen unseren Kindern: Du bist toll, du kannst das gut, wir freuen uns über dich, wir ha-ben dich lieb, du warst ein Wunschkind.

Also, ich zum Mindesten war ein Wunschkind meiner Schwester. Sie ist 8 Jahre älter und hatte damals immer Zucker auf die Fensterbank gestreut, damit der Klapperstorch mich bei ihr abliefert. Es hat auch funktioniert! Wie das ge-nau vor sich gegangen ist, weiß ich allerdings auch nicht, da müsste man mal meine Schwester fragen. Sie hat's auch nie wieder getan.

Ich war wohl doch nicht die Puppe, die sie sich eigentlich

gewünscht hatte. Gewollt zu sein ist wichtig. Und wenn wir den Kindern sagen: »Du, wir haben dich gewollt«, dann prägt das ihr Leben.

Der eingeprägte Wert

Machen Sie eine Übung mit mir. Holen Sie ein Geldstück aus Ihrem Portemonnaie. Was sehen Sie auf dieser Münze? Einen Adler, der steht für unser Land. Einen Zweig mit Eichenblättern, den Wert der Münze: 1 Cent, 10 Cent, 2 Euro. Das Jahr, in dem die Münze geprägt wurde.

Unser Leben ist wie eine geprägte Münze.

Das Land

Wir gehören zu einem bestimmten Herrschaftsgebiet. Auf Münzen steht, in welchem Land diese Währung gilt. Übertragen kann man sagen, dass das auch für unser Leben gilt. Wenn wir Jesus noch nicht in unser Leben aufgenommen haben, dann gehören wir von Natur aus in das Herrschaftsgebiet des Bösen, weil wir in eine Welt hineingeboren werden, die von Gott getrennt ist. Und erst wenn wir Jesus unser Leben anvertrauen, bekommt es die Prägung »Reich Gottes«. Ich werde durch den Glauben an Jesus zu einem Bürger des ewigen Reiches Gottes. Gott hat mich in sein Reich hineinversetzt, aus dem Reich der Finsternis in das Reich seines lieben Sohnes. Da ist jetzt meine Heimat, da gehöre ich hin, ob ich Deutscher bin oder Ungar oder Schwede oder Afghane – wenn ich zu Jesus gehöre, bin ich als erstes Bürger im Reich Gottes. Und das verändert mein Verhalten. Ich bin einer anderen Macht loyal. Ich verhalte mich nach anderen Grundgesetzen, denn im Reich Gottes gelten andere Grundgesetze als in den Kulturen und Staaten dieser Welt. Das Reich Gottes existiert nicht als sichtbare Größe. Aber es durchzieht alle Kontinente.

Der Wert unseres Lebens

Der Wert ist eingestempelt. Oft wird uns Menschen unser Wert nicht richtig vermittelt. Da wird uns gesagt: Du taugst nichts, aus dir wird nie was, du hast zwei linke Hände, deine Schwester kann das alles viel besser, guck dir die Tochter vom Nachbarn an, die ist viel ordentlicher als du, und so weiter.

Dadurch wird unser Wert klein gemacht. Oder wir machen ihn selber klein, weil wir das Gefühl haben: Mich will keiner, mich liebt keiner, ich kann das nicht so gut wie andere.

Gott möchte uns seinen Wert einprägen. Für ihn bin ich unbezahlbar, kostbar, kostbarer als Gold. Als Jesus am Kreuz starb, hat er den Preis für meine Schuld bezahlt. Er hat mich freigekauft von der Macht des Teufels. Weil Jesus für mich starb, bin ich nun unendlich wertvoll. Gott prägt diesen Wert neu in mein Leben ein, er will mir neue Werte zeigen.

Als Jahreszahl würde meine Münze vielleicht das Jahr tragen, in dem ich Jesus mein Leben gegeben habe, in dem mein Leben umgeprägt wurde. Er hat etwas Neues in mir angefangen.

Das Symbol auf der Münze könnte möglicherweise für einen Dienst stehen, den ich übernehme. Was hat Gott mir aufs Herz gelegt? Welche Aufgaben, welche Möglichkeiten, welche Verantwortungen sind mir schon mit ins Leben hineingegeben?

Falsche Prägungen

Menschen prägen uns, und oft prägen sie uns falsch. Das kann dramatische Formen annehmen. Mit ihren Worten drücken uns Menschen einen Stempel auf, der unser Leben zerstört. Ablehnung, die wir von Menschen erfahren, macht es uns vielleicht unmöglich, die Annahme, die wir bei Gott erfahren könnten, überhaupt zuzulassen und zu erleben. Weil wir vor Enttäuschungen Angst haben, weil wir Angst haben, noch einmal so tief verletzt zu werden, wie es uns vielleicht schon mal passiert ist.

Auch deswegen ist es wichtig zurückzuschauen. Was hat mich negativ geprägt? Was hat mich verletzt? Wo habe ich Türen zugeschlagen und habe mir geschworen: Das passiert mir nicht noch einmal? Ich werde nie wieder ...

Sie kennen diese Sätze und Sie wissen, wie Sie in Ihrem Leben zu Ende gehen. Zum Beispiel: Ich werde mich nie wieder so vor anderen Menschen öffnen. Ich werde nie wieder so viel von mir erzählen. Ich werde nie wieder so etwas ausprobieren, das war so blamabel, das kann ich mir nicht noch mal leisten. Und so weiter.

Prägungen legen uns negativ fest. Prägende Worte, prägende Erfahrungen, traumatische Erlebnisse, die in unser Leben hineingebrochen sind. Missbrauch als Kind, der Verlust eines Elternteils oder beider Eltern, Krankheiten, die unser Leben bestimmen und die wir nicht loswerden, die uns einschränken. All das prägt unser Leben.

Wie kann Heilung für gestern geschehen? Wenn Ihnen irgendetwas auf dem Herzen liegt, und Sie merken: Da muss ich noch mal ran, da kommt noch was in mir hoch – es muss nicht Heinrich VIII. sein – , dann möchte ich Sie ermutigen, noch heute mit jemandem zu sprechen, dem Sie vertrauen.

Der Weg der Heilung

Wie geht die Heilung vor sich? Sie kennen das Phänomen: Wenn man zum Arzt geht, tut es schon gar nicht mehr so weh. Das ist vor allen Dingen beim Zahnarzt so, jedenfalls bei mir. Ich hab die ganze Nacht Zahnschmerzen gehabt, und auf dem Weg zum Zahnarzt denke ich: Eigentlich müsste ich jetzt gar nicht mehr hingehen. Ich habe so eine Angst vor der Behandlung, dass ich den Schmerz irgendwie wegdränge.

So gehen wir auch mit Gott um. Wir haben Angst. Es könnte passieren, dass ich mich blamiere. So ein Problem traut mir ja kein Mensch zu. Was denken dann die Seelsorger von mir? Es könnte passieren, dass ich weinen muss. Was denken denn dann die anderen?

Wir verstecken die Schmerzen, weil wir Angst haben vor der Feststellung: Du bist krank, du hast ein Problem, du hast da ein Defizit, du hast eine Barriere, du hast da Sünde, da musst du umkehren. Aber wenn wir es nicht tun, gehen wir – bildlich gesprochen – nach Hause mit unseren Zahnschmerzen und schlucken noch mehr Tabletten und versuchen irgendwie, es selbst in den Griff zu kriegen. Und irgendwann kommt doch der Zeitpunkt, an dem wir zum Zahnarzt hinkriechen und sagen: Jetzt sofort, egal wie, es muss jetzt etwas geschehen, ich halte es nicht mehr aus!

Es muss nicht so weit kommen. Vielleicht kommen Sie heute an den Punkt, an dem Sie sagen: Ich halte es nicht mehr aus, heute weiß ich, ich muss was tun. Aber selbst wenn Sie sich sagen: Eigentlich ist es ja gar nicht so schlimm – muss ich Ihnen sagen: Sie wissen gar nicht, was Sie verpassen, wenn Sie alte Verletzungen in Ihrem Herzen nicht von Gott heilen lassen. Ihr Leben könnte völlig anders aussehen. Gott könnte Ihnen so viel anvertrauen, so viele Aufgaben geben, wenn Sie den Mut hätten zu sagen: Ich habe da ein Problem und ich brauche jetzt mal einen Christen, der mit mir darüber redet und sich dann mit mir hinkniet und mir Vergebung zuspricht oder mir hilft, oder mir eine neue Perspektive zeigt.

Heilung geschieht, wenn ich hinschaue. Wenn ich zugebe, dass ich ein Problem habe und Heilung, Reinigung, Vergebung brauche.

Tiefe Vergebung

Ich habe vor Jahren, es war auf einem Kirchentag, mit einem jungen Mädchen gesprochen, die erzählte, dass sie schon jahrelang nicht mehr schlafen konnte. Auf meine Frage, wann das denn angefangen habe, erzählte sie, dass sie vergewaltigt worden war und dass sie seit dieser Zeit nachts kein Auge mehr zu tue. Aber sie sagte: Das ist doch schon alles vergeben. Da sagte ich: Aha, das ist ja sehr interessant, wie hast du das denn gemacht?

Ja, sagte sie, ich weiß ja, dass ich vergeben muss. Mein Seelsorger hat mir gesagt: Die Sache ist passiert, das ist schlimm, aber wenn du sie vergibst, dann ist alles gut.

Und das hatte sie auch gemacht. Aber sie hatte im Herzen noch den ganzen Schmerz, die ganze Verzweiflung. Die oberflächliche Vergebung saß auf ihr wie ein Deckel auf einem Kochtopf, der auf höchster Stufe kocht. Wenn man den Deckel lüftet, schlägt einem heißer Dampf entgegen, der einem das Gesicht ansengt, das Essen brennt an und es stinkt im ganzen Haus.

Bei dem Mädchen haben wir den »Deckel« noch mal gehoben. Ich habe sie gebeten, noch einmal von Anfang an zu erzählen. Wir haben miteinander gebetet und sie hat geschrien und geweint und auf die Männer geschimpft, die ihr das angetan hatten. Sie hat das mal rausgelassen, was in ihr drin war. Und dann konnte sie in der Tiefe ihres Herzens vergeben.

Ehrlich werden

Ehrlich zu sein gehört dazu, wenn man Heilung erfahren will. Gott ist immer ehrlich. In der Bibel wird immer ehrlich über die Menschen berichtet, da wird nichts beschönigt, da wird nichts weggelassen. Da erfahren wir Details aus dem Leben von Menschen, die wir alle verstecken würden. Weil Gott ehrlich ist. Und wo wir ehrlich werden, beginnt die Heilung. Es nützt nichts, nur die Vergebung wie einen Deckel draufzusetzen, wir müssen auch die Enttäuschung, die Wut, den Hass vor Gott aussprechen und loswerden, indem wir sagen: So habe ich das empfunden, das hat mich total verletzt, die Hilflosigkeit hat mich erschlagen.

Das gilt nicht nur für dramatische Dinge, das gilt auch für einen Streit, das gilt auch für ein Missverständnis in der Ehe oder einen Konflikt mit der besten Freundin oder für Probleme mit den Kindern. Seien Sie ehrlich vor Gott. Er ist Ihr Vater, er kennt Sie doch sowieso. Er sieht, was mit Ihnen nicht stimmt, er hat doch alles miterlebt. Er sieht jeden Gedanken in Ihrem Herzen.

Wir müssen nicht fromm werden, sondern wir müssen ehrlich werden. Wir müssen nicht das richtige Verhalten produzieren, wir müssen ehrlich werden vor Gott, dann folgt das richtige Verhalten. Nicht von außen nach innen, von innen nach außen will Gott uns verändern.

Umprägung ist möglich

Münzen können eingeschmolzen und neu geprägt werden. Für Menschen gilt Vergleichbares: Bei ihnen geschieht der Prozess des »Schmelzens« in der Gegenwart Gottes. Wenn wir Gottes Nähe spüren, fühlen wir uns weich und nachgiebig, wir verlieren die Kontrolle über uns selbst. Das ist gut so, denn Gott gehört die Kontrolle. Und da wo wir weich werden, wo wir die Hitze Gottes zulassen, wo wir in den Feuerofen hineingehen, merken wir, dass Gott mit uns geht und dass er uns schmilzt und neu prägt. Wo vielleicht vorher auf Ihrem Leben stand: »Aus dir wird nie was«, weil das irgendein Mensch mal über Sie gesagt hat, da prägt Gott ein: »Du kannst alles durch mich, der dich stark macht« (vgl. Philipper 4,13). Und wo steht: »Du bist nichts wert, mit dir kann man nichts anfangen«, da sagt Gott: Du bist wertvoll. »Ich habe dich schon gekannt, ehe ich dich im Mutterleib bildete« (Jeremia 1,5). Oder: »Kann eine Mutter ihren Säugling vergessen? Bringt sie es übers Herz, das Neugeborene seinem Schicksal zu überlassen? Und selbst wenn sie es vergessen würde – ich vergesse dich niemals!« (Jesaja 49,15)

Selbst wer traumatische Dinge erlebt hat, den hat Gott nicht vergessen. Denn es gilt: Du bist der Gott, der mich sieht.

Der andere Rückspiegel

Außer dem Rückspiegel, der für die Lasten der Vergangenheit, für die ungelösten Konflikte und unbearbeiteten Probleme da ist, gibt es noch einen anderen. Auch auf ihn möchte ich kurz eingehen, weil er genauso wichtig ist wie der erste.

Er heißt: Wen habe ich überholt im Leben? Wem habe ich vielleicht genau das angetan, was andere mir angetan haben? Zu wem muss ich hingehen und mich entschuldigen, damit meine Vergangenheit heil werden kann? Damit ich weitergehen kann auf meinem Weg, damit ich die 3 Pfund seelische Kraft wirklich ganz habe und nicht immer noch Teile davon mit negativen Erinnerungen belegt sind.

Die Geschichte mit meinem Vater ist so eine Geschichte gewesen.

Mein Vater hatte, als ich zwölf Jahre alt war, einen Nervenzusammenbruch. Plötzlich war er ein völlig anderer Mensch: Er kannte uns als Familie nicht mehr, er wusste nicht mehr, wer ich bin, er kannte meine Mutter nicht mehr. Er lebte wieder ganz in seinen Kriegserinnerungen. Befand sich wieder auf der Flucht aus Russland, wo er als Kriegsgefangener gewesen war. Durch ein Schockerlebnis ist er dann wieder »aufgewacht«. Aber er blieb ein veränderter Mensch. Seine Nerven waren einfach ruiniert. Und ich schämte mich für meinen Vater. Mit meinen 12 Jahren konnte ich diese Dinge überhaupt nicht verstehen oder einordnen.

Als mein Vater mir eines Morgens auf dem Weg zur Schule entgegenkam, bin ich auf die andere Straßenseite gegangen, weil ich mich geschämt habe für meinen Vater.

Mit 17 Jahren war ich Christ geworden. Ein paar Jahre später merkte ich in der Stillen Zeit auf einmal, dass ich in meinem Christsein nicht weiterkam, sondern stecken geblieben war. Es passierte nichts Neues, ich erlebte nichts mehr, und ich wusste gar nicht, warum das so war. Ich habe dann Gott gebeten, mir zu zeigen, was mein Weiterkommen hinderte. Wie ein Blitz kam mir diese Situation in den Kopf, als ich vor meinem Vater die Straßenseite wechselte. Und ich wusste, dass ich mich bei meinem Vater entschuldigen musste.

Aber das war gar nicht so einfach, wir hatten ja viele, viele Jahre lang nicht miteinander über dieses Thema geredet, und unser Verhältnis war immer noch angespannt. Ich dachte: Wenn ich meinem Vater jetzt schreibe, was ich damals gemacht habe, bricht für ihn eine Welt zusammen, denn er hat mich damals ja gar nicht gesehen.

Ich habe ihm dann doch geschrieben, weil ich merkte, dass ich sonst als Christ auf der Stelle treten würde. Mir war klar: Ich muss mich entschuldigen, egal ob mein Vater sich erinnert, ob er das überhaupt mitgekriegt hat, gleichgültig was er darüber denkt oder wie er reagiert – es geht um mein Leben mit Jesus, das zählt. Ich habe geschrieben und ein paar Tage später ganz ängstlich angerufen.

Mein Vater wollte sofort mit mir sprechen. Er sagte: Natürlich habe ich damals gesehen, wie Du die Straßenseite vor mir gewechselt hast, und ich wusste auch, warum. Das war ganz schrecklich für mich an jenem Morgen, ich weiß es noch wie heute. Ich werde dir das nie vergeben. Dein ganzes Christsein, den ganzen frommen Quatsch kann ich dir überhaupt nicht abnehmen. Wer sich so benimmt, kann kein Christ sein.

Was er sagte, war natürlich sehr hart, aber es war auch richtig. Mir war klar: Wenn ich meine Entschuldigung ernst gemeint hatte, und das hatte ich, musste ich auch seine Reaktion annehmen. Ich konnte nicht erwarten, dass er freudestrahlend sagt: Ach ja, ist ja alles gar nicht so schlimm, und jetzt haben wir uns wieder lieb.

Opfer und Täter zugleich

Ich war ja schuldig geworden. Zwar war ich ein Kind mit 12 Jahren, ich hatte weder den Hintergrund noch das psychologische Wissen, sondern war selbst ein Opfer der Situation. Aber das konnte mich nicht darüber hinwegtäuschen, dass ich auch Täter war. Ich habe meinen Vater wirklich verletzt.

Bei unserer Rückschau spielt auch diese Frage eine wichtige Rolle: Wo war ich Täter? Wo muss ich mich entschuldigen? Wo muss ich möglicherweise Briefe schreiben? Oder jemanden besuchen? Jemanden anrufen?

Wir haben noch viele Gespräche gehabt, mein Vater und ich, und auch als er im Sterben lag, war er nicht bereit, mir die Sache zu vergeben, erst im letzten Moment hat er es mir dann doch vergeben. Aber ich wusste, dass es für mein Leben nicht wichtig ist, ob er mir vergibt oder nicht, weil Gott mir vergeben hat.

Die Vergangenheit holt uns ein. Die Vergangenheit ist immer ein Teil unseres Lebens. Wir alle sind das Produkt von gestern. Und wenn wir die Chancen von morgen nutzen wollen, müssen wir uns um das Gestern kümmern, immer wieder. Es werden immer wieder andere Dinge in uns auftauchen, unser Leben währt ja schon eine gewisse Weile. Und immer wieder müssen wir die Dinge, die uns verletzt haben, und die Situationen, in denen wir andere verletzt haben, bereinigen, ausräumen, vor Gott bringen, umprägen lassen. Damit wir zu der Fülle kommen, die Jesus für uns vorbereitet hat.

Kraft für heute

Unser Heute ist morgen schon wieder gestern. Das müssen wir uns klar machen. Wir leben immer nur heute. Beeinflussen können wir unser Leben nur heute. Gestalten können wir unser Leben nur heute. Egal wo wir herkommen, egal was vor uns liegt. Die Zeit, die wir wirklich haben, ist jetzt.

Jetzt, heute, hier lebe ich. Ich kann nicht an mehreren Stellen gleichzeitig sein – obwohl ich das manchmal ganz gerne wäre. Aber davor bewahrt uns Gott wohl auch deshalb, damit wir das Leben besser schätzen lernen. Dass wir zu einer Zeit immer nur an einem Ort sein können, unterscheidet uns von Gott, der überall und jederzeit gleichzeitig sein kann. Wir sind Menschen, wir sind Geschöpfe, und solange wir in dieser Welt leben, sind wir immer nur hier und jetzt lebendig.

Und heute haben wir auch eine bestimmte Vergangenheit. Wie schon gesagt: Wir sind das Produkt von gestern mit den Chancen von morgen. Die Schnittstelle ist das Heute. Und deswegen möchte ich jetzt mit Ihnen über Kraft für heute nachdenken.

Der Boxenstopp

Womit fülle ich mein Leben? Aus welcher Kraft lebe ich heute?

Vielleicht schauen Sie gern Formel-Eins-Rennen an. Das hat so einen gewissen Nervenkitzel, den viele unwiderstehlich finden.

Auch viele Frauen sitzen vor dem Fernseher, wenn Schumi und Co. ihre Runden drehen. Manche haben Angst um die Familienväter, die da unterwegs sind. Und sie bangen mit und hoffen, dass die auch lebendig wieder aussteigen. Vielleicht wundern Sie sich mit mir darüber, dass Geld einen so reizen kann, sein Leben aufs Spiel zu setzen. Doch das ist hier nicht unser Thema.

Ein Michael Schumacher ist nur der Weltmeister Schumacher, weil er ein ganz bestimmtes Boxen-Team hat. Denn die tausendstel Sekunden und die hundertstel Sekunden, die er an Schnelligkeit gewinnt, wären alle verloren, wenn sein Team beim Boxen-Stopp nicht auch um tausendstel und hundertstel Sekunden kämpfen würde.

Er als Fahrer wäre nichts ohne sein Team. Der Tank muss gefüllt, der Reifendruck korrigiert, Anzeigen müssen überprüft werden – vieles muss in den wenigen Sekunden passieren. Vielleicht haben Sie das ja mal im Fernsehen verfolgt: Das Auto kommt mit einem Affenzahn in die Box, es springen ganz viele Männer darauf zu, jeder weiß ganz genau, was er zu tun hat, und innerhalb weniger Sekunden rast das Auto schon wieder los.

So ein Boxenstopp, der tut auch uns gelegentlich gut.

Viele Frauen sind sehr aktiv. Sie geben, geben, geben, machen und tun, sind ständig unterwegs, powern sich aus im Alltag, in Familie, Beruf und Gemeinde.

Wenn wir unsere Zeit weise nutzen, legen wir gelegentlich eine Pause ein. Lassen Sie zu, dass Gott regelmäßig in Ihrem Leben das tut, was Sie brauchen, um die nächsten Runden drehen zu können.

Im Jetzt leben

Wir leben jetzt. Aber unser Problem ist, dass wir es als Menschen nicht schaffen, jetzt zu leben. Wir leben gestern, oder wir leben morgen. Was gibt es morgen zu Essen, wie wird der Urlaub werden? Was machen die Kinder?

Wir schaffen es selten, *jetzt* zu leben. Und ich glaube, das liegt auch daran, dass der Teufel das Leben nicht liebt, sondern es zerstören will. Und er schafft es immer wieder, uns das »Jetzt« zu rauben, so dass wir gar nicht bewusst leben. Gerade wir Frauen haben oft das Gefühl, wir »werden gelebt«. Andere brauchen uns, andere machen Termine für uns. Die Kinder kommen mit ihrem Terminplan nach Hause. Der Mann hat seine Termine. Die Gemeinde hat ihre Termine – und wir Frauen funktionieren. Wir versuchen, das alles wie in einem Mobile auszutarieren, damit alles seine Balance behält. Das Mobile hängt an einem einzigen Faden, und alle Teile haben ihr Eigengewicht. Und wenn eine Sache kippt, schwerer wird, mehr Aufmerksamkeit braucht, dann kippt erst mal alles. Und wir sind mühsam bemüht, alles wieder so aufzuhängen, dass das Leben wieder funktioniert. Weil wir Harmonie brauchen und weil wir uns nach Harmonie sehnen, als Frauen ganz besonders. Uns ist es doch am liebsten, wenn alle in Frieden miteinander leben, wenn alles geregelt ist, wenn jeder zu seinem Recht kommt – dann können auch wir mal durchatmen.

Aber bei meinem Boxenstopp geht es nicht um alle anderen, die an mir hängen und die ihr Gewicht haben und die von mir was wollen. Jetzt und hier geht es um mich.

»Du bist der Gott, der *mich* sieht« ist das Motto.

Und deswegen lassen Sie uns jetzt leben, jetzt soll Gott an

uns arbeiten. Ich habe vor etlichen Jahren Krebs gehabt. Die Diagnose lautete auf Lymphdrüsenkrebs im letzten Stadium, die Krankheit ist erst sehr spät entdeckt worden. Ich hatte zwar schon ein Jahr lang Beschwerden und bin auch zum Arzt gegangen, aber ich war zu der Zeit arbeitslos und der Arzt fragte mich: »Ja, was machen Sie denn beruflich?«

»Ich bin arbeitslos.«

»Aha, psychosomatisch.« Nach dem Motto: Die haben nicht viel zu tun, die Arbeitslosen, die rennen dann zum Arzt, um sich irgendwie zu beschäftigen.

Um diese Zeit reiste ich mit meinem Mann in den Sudan. Dort hatte sich gerade eine Flutkatastrophe ereignet, das machte alles sehr schwierig. Ich habe zusätzlich zu meinen sonstigen Beschwerden Malaria und Salmonellen bekommen und musste so schnell wie möglich das Land verlassen, denn es ging mir sehr schlecht. Wir waren froh, dass ich inmitten der chaotischen Zustände überhaupt einen Flug bekommen habe.

Unsichere Zeiten

Wer Krebs oder eine andere bedrohliche Krankheit hat, merkt, dass er immer nur jetzt lebt. Schöne Erinnerungen an glückliche Zeiten gehören natürlich dazu. Ich war Gott sehr dankbar für mein Leben bis dahin. Ich war dankbar, dass ich Jesus schon mit 17 Jahren kennen gelernt hatte. Dass ich schon so viele gute Jahre hatte erleben dürfen. Dass Gott mich erfüllt und gebraucht hatte. Aber ich wusste nicht, was noch kommen würde.

Was bringt der nächste Untersuchungsbericht? Die Chemotherapie fing an, es wurde viel für mich gebetet, meine

Freunde hielten Gebetsnächte ab, ich wurde von den Ältesten meiner Gemeinde gesalbt. Doch der Krebs ging nicht weg, und ein Jahr lang bekam ich eine Chemotherapie. Es war völlig unklar, ob ich das längerfristig überleben würde.

Plötzlich kommt es einem so vor, als würde ein großer Teil des Lebens einfach abgeschnitten. Nämlich der Teil, der uns sonst immer vor Augen steht, die Zukunft. Alle Gedanken und Planungen wie: Wenn wir mal ein neues Wohnzimmer haben, dann fühl ich mich hier auch wieder wohl. Wenn mein Mann mal mehr verdient, dann geht es uns gut. Wenn die Kinder mal aus dem Haus sind, dann machen wir uns noch ein paar Träume wahr.

Wir leben in Gedanken oft in der Zukunft, auf ein bestimmtes Ziel hin, als würde es uns irgendwann besser gehen. Aber mit so einer Krankheit merkt man: Ich lebe nur jetzt. Ich weiß nicht, ob ich morgen aufwache und ich weiß nicht, ob ich noch drei Jahre habe, ob ich noch dreißig Jahre habe. Ich kann mein Leben nicht verschieben auf später einmal. Wenn ich zum Beispiel diese Aufgabe nicht mehr habe, dann kann ich auch Gott dienen. Wenn die Kinder nicht mehr so viel Zeit brauchen, dann kann ich mich in der Gemeinde einsetzen. Wenn, wenn ...

Leben im Jetzt

Ich kann mein Leben vor mir herschieben und irgendwann wird es wie ein Berg vor mir stehen. Wenn ich alles vor mir herschiebe, entsteht vor mir ein Wall. Vielleicht ein Schutzwall, damit ich das Leben nicht an mich ranlassen muss. Vielleicht aber auch ein Wall, den ich gerne überwinden würde, den ich aber gar nicht mehr bewältigen kann.

Ich lebe jetzt und heute. Und diese Begriffe »heute, jetzt«, sind in der Bibel immer wieder zu finden. »Siehe, jetzt ist die Zeit der Gnade, siehe, jetzt ist der Tag des Heils!« (2. Korinther 6,2). Jetzt, heute, hier. Das gilt nicht nur für hohe Festtage oder christliche Frauentage, das gilt auch, wenn Sie in der Küche stehen, das gilt auch, wenn Sie im Einkaufszentrum den Wagen vor sich herschieben. Das gilt auch, wenn Sie Wäsche waschen und auch, wenn Sie mit Freundinnen zusammensitzen und auch bei Familienfeiern. Jetzt ist Gott bei mir. Jetzt will er etwas in meinem Leben bewegen. Jetzt will er etwas durch mein Leben bewegen. Vielleicht kann ich jetzt die Frau in Gedanken segnen, die da im Supermarkt vor mir an der Kasse sitzt und meine Einkäufe eintippt. Vielleicht tut ihr der Rücken weh, weil sie immer die gleichen Bewegungen machen muss. Jetzt kann ich vielleicht ein freundliches Wort sagen. Jetzt kann ich für jemanden beten, der mir gerade einfällt. Jetzt kann ich Gott dienen. Heute stelle ich die Weichen für die Zukunft, nicht später.

Leben aus der Flasche

Als Christen sind wir manchmal merkwürdige Wesen. Wir gehen in den Gottesdienst, wir lassen uns erfüllen. Wir gehen auf einen chrislichen Frauentag, wir nehmen mit, wir saugen auf. Und dann gehen wir nach Hause und aus der Flasche tröpfelt immer wieder ein bisschen raus. Wir benutzen das, was wir mitgenommen haben, und das hält dann vielleicht drei Stunden, wenn man nach Hause kommt, vielleicht drei

Tage, vielleicht eine Woche. Wenn wir gut und sparsam sind, vielleicht auch sogar einen Monat.

Aber Gott möchte gar nicht, dass wir solche »Flaschenbabys« sind, dass wir an der Flasche hängen und uns irgendwo abfüllen lassen, etwas mitnehmen und dann während der Woche vorsichtig dosieren, damit es auch reicht, bis wir in den nächsten Gottesdienst kommen.

Gott möchte eine Standleitung zu uns haben. Der Heilige Geist möchte uns ständig erfüllen, nicht nur, wenn wir mit anderen Christen zusammen sind. Nicht nur in Gottesdiensten und an Frauentagen, sondern immer. Jetzt ist Jesus hier, jetzt ist seine Fülle da.

Egal wie die Umstände sind, jetzt lebe ich.

Lassen Sie uns diese ständige Verbindung suchen, dieses innere Verbundensein mit Jesus. Nicht nur in Gebetszeiten, sondern immer und überall. Wir können ständig mit Gott in Kontakt sein: Herr, was ist dran? Was legst du mir aufs Herz? Was soll ich tun? Für wen soll ich beten? Was kann ich jetzt bewegen? Wozu willst du mich jetzt einsetzen?

Angeschlossen an die Quelle

Das gilt für alle Altersgruppen, gleichgültig, wie viel Kraft die einzelne hat.

Während der Chemotherapie war ich ein Jahr so schwach, dass ich gerade noch kurze Strecken laufen konnte. Und ich habe trotzdem ein sinnvolles Leben geführt. Das Leben eines Menschen wird eben nicht durch seine äußeren Aktivitäten bestimmt, durch das, was er schaffen kann, durch das, was er vorzeigen kann. Gott gibt dem Leben seine Würde. Mein Leben während der Chemotherapie war wertvoll für Gott. Er hat mich gebraucht. Und er tut es bis heute. Ständig erfüllt sein von Gott, das macht auch unabhängig von Erlebnissen und Highlights, die man nicht ständig haben kann. Kontinuierlich verbunden sein mit Gott, das heißt: Das Wort Gottes lebt in mir. Das gibt mir Kraft. Ich denke darüber nach, Tag und Nacht, so steht es in der Bibel (Psalm 63,7; 119, 97). Es füllt mein Denken.

Die Macht der Gedanken

Wir Menschen meinen oft, dass unsere eigenen Gedanken der Wahrheit entsprächen. Das ist aber nicht immer so. Denn die Wahrheit steht bei Gott allein fest. Was in meinem Denken und in meinem Fühlen nicht mit Gottes Wort übereinstimmt, das ist falsch. Ein Beispiel: Wenn ich denke: Gott kann mit mir nichts anfangen, ich habe keine besonderen Begabungen, dann ist das falsch. Weil Gott anders über mich denkt. Das steht in seinem Wort, der Bibel. Jeder Mensch hat Gaben. Habe ich das erkannt, dann muss ich sagen: Herr, zeige mir die Begabungen und die Fähigkeiten, fülle mich mit deinem Wort. Gib mir gute Gedanken.

Es heißt an einer Stelle: »Alles menschliche Denken nehmen wir gefangen und unterstellen es Christus« (2. Korinther 10,5).

In der Seelsorge sage ich oft Menschen, die zu mir kommen: Jetzt schick doch mal innerlich Soldaten aus, die deinen Gedanken befehlen: »Stopp, bis hierher und nicht weiter. Ich will diese Angst nicht noch weiter schüren. Ich nehme diesen Gedanken jetzt gefangen, anstatt ihn auszuspinnen. Ich will

Jesus vertrauen und nicht meinen Ängsten. Ich will meine Gedanken nicht mit Negativem füllen. Ich will Gutes denken. Ich will das denken, was Jesus entspricht, das gibt mir Kraft.« Negative Gedanken rauben Kraft. Gute Gedanken habe ich dann, wenn Gottes Wort in meine Realität hineinwirkt.

Von Angst beherrscht

Ich will ein Beispiel erzählen: Mehrere weltweit arbeitende christliche Frauenorganisationen hatten zu einer Weltfrauenkonferenz nach Amerika eingeladen. Der Termin war Mitte September 2001. Gemeinsam mit einigen anderen Frauen aus Deutschland hatte ich geplant, dorthin zu fahren. Am 11. September geschah dann das furchtbare Attentat auf das World Trade Center. Nach dem Attentat kamen mir Zweifel: Soll ich jetzt trotzdem in die USA fliegen?

Ich hatte viele junge Frauen eingeladen mitzufahren, und dachte: Na ja, nach Urlaub sieht das Ganze ja jetzt wohl kaum noch aus. Können wir überhaupt noch fahren, oder wird es zu gefährlich?

In der Woche vor der geplanten Abreise starb meine Tante. Auf der Beerdigung, freitags, wurden meine Schwiegereltern von einem Auto angefahren, und wir mussten sie ins Krankenhaus bringen. Samstags hielt ich ein Referat auf einem Frauenfrühstückstreffen nördlich von Kassel. Nachmittags kam ich zurück und war körperlich und psychisch einfach am Ende. Und ich dachte, ich kann jetzt nicht noch mehr Kraft aufbringen und diese Reise antreten. Zusätzlich hatte ich sonntags auch noch einen Vortragstermin, und montags vor Tagesanbruch sollte die Reise losgehen.

Dann rief mich eine Freundin aus Holland an und sagte: Wir stellen uns darauf ein, dass jetzt ein Krieg beginnt. Wir fahren nicht zu der Konferenz, sondern bleiben in Holland und beten. Da dachte ich: Wenn ich jetzt fahre, dann bin ich nicht in Deutschland, wenn der Krieg anfängt. Und mir war klar: Ich kann nicht fliegen, ich schaffe das nicht.

Ich habe diese Gedanken einfach laufen lassen. Samstag Abend um halb zehn habe ich versucht, dem Reiseveranstalter abzusagen, doch er war telefonisch nicht zu erreichen. Also schickte ich eine E-Mail. Aber schlafen konnte ich in der Nacht gar nicht, immer noch kämpfte ich mit der Entscheidung abzusagen. Am Sonntagmorgen um 5 Uhr rief er mich auf dem Handy an und schimpfte mit mir: Was mir denn einfiele, nicht fahren zu wollen. Ich sei doch die Reiseleiterin. Die ganze Gruppe würde zusammenfallen.

Morgens nach dieser schrecklichen Nacht endlich war es, als ob ein Nebel weggenommen würde. Ich hatte nun innerlich die Gewissheit: Gott will, dass ich fliege. Im Buch Ester steht: »Komme ich um, so komme ich um« (Ester 4,16). So soll es auch mit mir sein. Ich lasse nicht die Ängste über mich herrschen, ich fliege. Und wenn ich sterbe, dann hat Gott es so gewollt. Wenn er mich dahin schickt und die Maschine stürzt ab oder es passiert etwas Schreckliches, dann hat er das gewollt und dann bin ich auch im Frieden mit ihm gestorben. Von dem Moment dieser Entscheidung an hatte ich innerlich Frieden. Zwar waren die Vorbereitungen für die Reise dann noch sehr hektisch, aber mein Herz war leicht. Jede der Frauen, die mitflog, konnte eine ähnliche Geschichte erzählen.

Was lasse ich heute über mich herrschen? Herrschen meine Ängste über mich? Dann bin ich schlecht beraten.

Oder herrscht Gottes Auftrag über mich? Dann geht es mir gut. Dann ist es nicht immer einfach, aber ich habe Frieden im Herzen. Es ist wichtig, dass wir gute Gedanken denken, das denken, was Gott denkt. Dass wir nahe an seinem Herzen sind.

Gedanken lesen

Man sagt ja, dass Ehepaare sich im Alter einander angleichen. Vor einiger Zeit saß ich mit meinem Mann im Arbeitszimmer zusammen. Dort hatten wir unsere Schreibtische einander gegenüber. Ich schrieb gerade etwas, da sagte er plötzlich zu mir: »Hör mal eben auf zu denken, ich muss mich konzentrieren!« Ich war ganz überrascht, ich hatte kein Wort gesagt. Aber er wusste ganz genau, dass ich gerade ein Problem im Kopf hatte.

So wünsche ich mir, dass es auch zwischen Jesus und mir steht. Ich möchte wissen, was er denkt, was ihn beschäftigt. Ich möchte mitbekommen, was ihm am Herzen liegt.

Die Älteren unter uns, die oft meinen, sie könnten nicht mehr viel tun, möchte ich ermutigen: Ihr habt mehr Zeit als manche junge Mutter, deren Kinder ihren Alltag stark bestimmen, oder als manche Frau, die vom Berufsalltag gepresst und gestresst wird.

Ihr könnt im Gebet und in der Zwiesprache so nah an Gottes Herz sein, dass es ein Segen für uns andere ist, die wir noch die Aktivitäten und den Stress haben. Dient uns an dieser Stelle, nehmt uns auf euer Herz, tragt uns im Gebet.

Reserven anlegen

Es ist so wichtig, unsere Dankbarkeitsreserven immer voll zu halten. Wie viele dankbare Gedanken gehen uns am Tag durch den Kopf und wie viele undankbare? Über wie vieles regen wir uns auf, sind wir genervt, gestresst – und wie wenig danken wir Gott? Wenn wir anfangen zu danken, verändert sich unser Denken, deshalb möchte ich ermutigen zum Danken. Kraft für heute habe ich, wenn ich dankbar bin.

Dann kann ich mich auf das Wesentliche konzentrieren: Was ist heute dran? Was will Gott heute von mir? Und auf der anderen Seite auch die Dinge entdecken, die mir Kraft rauben.

Manchmal, wenn ich einen anstrengenden Tag hatte, komme ich nach Hause und denke: Ach, jetzt noch ein bisschen abschalten. Und das Abschalten ist dann oft Anschalten, den Fernseher anschalten. Dann merke ich hinterher, ich habe mich getäuscht, das war überhaupt nicht erholsam. Ich bin jetzt noch mehr beladen. Gerade in den letzten Monaten, nach den Terroranschlägen in Amerika, ist mir das aufgefallen: Da zappt man von CNN zu Phoenix, und dann kommt die Tagesschau und dann kommt Heute und dann kommen die Tagesthemen – und man ist hinterher wie erschlagen.

Was tut mir gut? Was raubt mir Kraft? Welche Gedanken rauben mir Kraft? Welche Gedanken geben mir Kraft? Das müssen Sie für sich selber herausfinden. Setzen Sie sich einfach einmal hin und überlegen Sie. Suchen Sie sich einen Menschen, mit dem Sie reden können, sprechen Sie es ganz offen an: Was gibt dir Kraft? Wovon ernährst du dich geistlich? Was hast du zuletzt gelesen? Welchen biblischen Text bearbeitest zu gerade? Wo ackerst du, um besser zu verstehen, was Gott will? Was bewegt dich? Womit füllst du deinen Tank?

Mut für Morgen

Was morgen kommt, weiß keiner. Auch als Gesellschaft wird uns zurzeit bewusst, wie wenig wir das wissen. Wir haben uns so lange so sicher gefühlt.

Auf der Weltfrauenkonferenz, die ich oben schon erwähnt habe, war interessant zu sehen, dass unsere Mitchristinnen, unsere Schwestern aus Afrika, aus Asien, aus Lateinamerika überhaupt keine Angst hatten. Wir Europäerinnen waren alle so stolz auf unseren Mut, während dieser Krise in die USA zu fliegen, und die anderen sagten: Wieso ist das so etwas Besonderes? Wir haben doch immer solche Schwierigkeiten. Allein schon ein Visum zu kriegen, einen Flug zu buchen ist ein Problem. Bei uns ist Bürgerkrieg, bei uns sterben Frauen an Aids. Bei uns hat eine Naturkatastrophe gewütet. Wovon redet ihr eigentlich, wenn ihr von Angst redet?

Sie haben die Angst überwunden, weil sie ihr Vertrauen auf Jesus setzen. Das war mir ein großes Vorbild. Jetzt, da Amerika angegriffen wurde, haben auch wir gemerkt, dass wir nicht sicher leben. Es ist gut, dass wir von dieser Täuschung befreit werden. Es wird nicht immer besser auf dieser Welt, auch wenn wir uns das gern vormachen. Diese Welt ist vom Negativen geprägt. Der Teufel will Leben zerstören und tut das auch, wo er nur kann. Jesus will Leben schützen und retten. Deshalb brauchen wir Mut für morgen, denn wir wissen nicht, was kommt. Wir brauchen Mut.

Mutig voran

Als mein Neffe in die Schule kam, – das liegt jetzt schon viele Jahre zurück -, haben wir alle versucht, ihm ein bisschen Respekt vor der Schule einzuflößen. Er war ein wilder Junge, und wir haben ihm gesagt: Pass mal auf, wenn du in die Schule kommst, musst du still sitzen, du musst den Mund halten, du musst gehorchen. Dann ist er in die Schule gekommen, und nach 2 bis 3 Tagen kam er zu meiner Schwester in die Küche und sagte: Mama, jetzt habe ich die eine Woche geschafft, dann schaffe ich den Rest auch noch.

Ich weiß nicht, ob er das heute noch sagen würde, er macht jetzt bald Abitur, und so ganz einfach war's dann doch nicht. Aber seine Lebenseinstellung war eben: Das schaff ich schon. Wer so eine Einstellung hat, dem geht vieles besser oder einfacher von der Hand. Andere haben diese Einstellung nicht. Die denken eher: Wer weiß was passiert, und was mach ich wenn dies und jenes geschieht. Stunden und Tage lang malen sie sich aus, was im schlimmsten Fall passieren könnte und wie sie dann wohl reagieren würden.

Das nimmt Kraft, das macht kaputt. Wem auffällt, dass er so denkt, sollte sich immer wieder sagen: Jetzt fange ich meine Gedanken ein und denke stattdessen etwas Gutes. »Ich weiß, dass mein Erlöser lebt« (Hiob 19,25). Das gilt heute und das gilt morgen. Und ich habe Mut für morgen, weil er mir morgen die Kraft geben wird, die ich morgen brauche. Wie er den Israeliten in der Wüste das Manna gegeben hat, jeden Tag so viel wie sie brauchten. Man konnte es nicht aufbewahren, aber jeden Tag war neues da, und jeden Tag konnte man sich davon bedienen. Heute ist der Tag, an dem ich lebe, und heute muss ich keine Angst vor morgen haben.

Wenn Jesus heute vor mich sorgt, dann wird er auch morgen für mich sorgen.

Was kommen wird

Wir wissen nicht was kommt, aber wir wissen, wer auf uns zukommt. Jesus kommt immer auf uns zu, denn er ist ewig. Er war schon immer da und er wird immer da sein, egal was passiert, er wird mit uns hindurchgehen.

Als wir in Amerika waren, haben wir viele Geschichten gehört von Menschen, die mit dem World Trade Center verbunden waren. Ein junger Mann erzählte im Gottesdienst in Chicago, dass er im World Trade Center arbeitete und am Tag des Attentats hatte die Kollegin, mit der er normalerweise zur Arbeit fährt, eine Reifenpanne und kam eine Stunde zu spät. Das hat ihm das Leben gerettet.

Gott rettet Leben

Ich habe eine E-Mail bekommen, in der ein Mann schildert, wie er in seinem Büro im 86. Stock des World Trade Centers saß. Er ist Christ, und an jenem 11. September las er gerade in seiner Bibel, als im anderen Turm des Gebäudes das erste Flugzeug einschlug. Er sah Glas und Feuer fallen und stand wie die anderen auf, um das Gebäude zu verlassen. Unten hielten Sicherheitskräfte die Fliehenden auf und sagten: Es ist nur im Nachbarturm, Sie können wieder hoch gehen an Ihren Arbeitsplatz. Alle sind an ihre Arbeitsplätze zurückgekehrt. Er selbst hat eine Kollegin, die vollkommen aufgewühlt war, nach Hause geschickt und ihr so das Leben gerettet. Als der Mann zurückkam in sein Büro, sah er als erstes seine Bibel auf dem Schreibtisch liegen und fast im gleichen Moment das zweite Flugzeug, das auf ihn zukam. Er duckte sich unter den Schreibtisch, wurde durch herumfliegende Splitter, Brocken und Glasscherben verwundet, blieb aber am Leben. Er kämpfte sich bis zu einer Rigips-Wand durch, an der es nicht weiterging, und hörte auf der anderen Seite einen anderen Menschen. Das erste, was ihm einfiel, war, diesen Menschen zu fragen: Kennst du Jesus?

Keiner von beiden wusste ja, ob er überleben würde. Der andere antwortete: Nein, aber ich will ihn kennen lernen. Dann haben sie zusammen gebetet und der andere hat Jesus in sein Leben aufgenommen. Sie haben um die Kraft gebetet, die Wand zu durchbrechen und zum Treppenhaus zu gelangen – und sie haben es geschafft. Sie sind beide lebend hinausgekommen.

Der erste Weg führte beide zu der nächsten Kirche, wo sie Gott für ihre Errettung dankten. Als sie in der Kirche waren, fiel im gleichen Moment der Turm zusammen, in dem sie vorher noch gearbeitet hatten.

Gott sieht mich, egal, was kommen wird. Er hat mich im Blick. Und ob ich am 11. September im World Trade Center sitze, entscheidet nicht darüber, ob ich sterbe oder nicht. Ob ich Krebs habe, entscheidet nicht darüber ob ich sterbe und wann ich sterbe oder nicht – sondern mein Leben gehört Gott. Er allein bestimmt, wann und woran ich sterbe.

Ich habe mein Leben ihm gegeben, es ist nicht mehr meins. Ich kann es nicht bewahren, ich kann es nicht schützen; aber der, dem es gehört, der wird darauf aufpassen. Der wird mein Leben bewahren und beschützen. Und wenn meine Stunde gekommen ist, kann ich im World Trade Center sein oder zu Hause in der Küche stehen – dann werde ich sterben. Weil Gott mein Leben bestimmt. Den Anfang und das Ende. Wann immer er mich zu sich holt, entscheidet er. Nicht die Umstände, nicht die Politiker, nicht Kriegswirren, nicht die Katastrophen in der Welt, sondern Jesus allein.

Gesichertes Leben

Das gibt Mut für Morgen. Ein Mensch, der weiß, dass er ewig lebt, kann sein Leben nicht verlieren. Er kann es sogar bis zum Äußersten einsetzen. Er kann es riskieren im Auftrag Gottes. Er kann es loslassen, da wo Gott uns dazu herausfordert. Verlieren wird dieser Mensch sein Leben nicht. Denn das ewige Leben wartet auf ihn, auf jeden von uns. Wir gehen zu Jesus, und das gibt uns Mut, uns ganz einzusetzen.

Ich weiß nicht wo Ihre Gaben liegen, für was Sie sich bedingungslos einsetzen möchten. Vielleicht haben Sie diese Vision noch nie umgesetzt. Aber halten Sie fest an der Prägung Gottes für Ihr Leben. Wie die Prägung der Münze eingedrückt ist, hat Gott auch Ihnen eine Vorstellung, einen Traum davon eingepflanzt, was er mit Ihrem Leben anfangen will. Lassen Sie sich diesen Auftrag Gottes, diese Vision nicht rauben. Wenn Sie etwas tun möchten für Jesus, wenn Sie etwas bewegen möchten, dann tun Sie es. Warten Sie nicht auf bessere Zeiten, fangen Sie heute an. Säen Sie den Samen. Suchen Sie sich ein Boxen-Team, das Ihnen hilft, das Sie unterstützt. Tun Sie das, was Jesus Ihnen zeigt, mutig, mit vollem Risiko, aber in der Erwartung des ewigen Lebens.

Diese Art von Mut ist kein leichtsinniges Loslegen ohne

Risikoabschätzung. Wer mutig ist, aber das Risiko nicht einschätzen kann, ist dumm. Wer mutig ist, ohne einen Erfolg erwarten zu können, der ist leichtsinnig. Wir können natürlich nicht alles tun, was uns gerade in den Kopf kommt. Wir müssen es prüfen, wir müssen es mit anderen besprechen, wir brauchen den Rat von Geschwistern.

Mut ohne Zweck und Ziel ist oft Selbstdarstellung. Ich will mir selber einen Namen machen. Mut braucht der, der Gott gehorcht, denn Gott wird uns immer über unsere Grenzen hinausführen. Gott fordert immer einen Schritt mehr, als wir natürlicherweise gehen würden. Die Gaben, die ich habe, für Gott einzusetzen, heißt auch, ein Stück weiter gezogen werden, weiter gedrängt werden, als ich von mir aus gehen kann. Mich verbessern, mehr investieren, mutig vorangehen.

Kraft im Gebet

In Hebräer 12,12a steht: »Richtet eure kraftlos und müde gewordenen Hände wieder auf zum Gebet, damit ihr stark werdet.«

Wir denken oft das Gegenteil: Wenn ich wieder stark bin, kann ich wieder beten. Jetzt geht es mir nicht gut, jetzt kann ich nicht beten. Hier steht es gerade umgekehrt: Richtet eure kraftlos und müde gewordenen Hände wieder auf zum Gebet, *damit* ihr stark werdet. Mit dem Beten fängt es an.

»Eure zitternden Knie sollen wieder fest werden, damit ihr sichere Schritte im Glauben tun könnt« (Hebräer 12,12b). Wenn ich bete, bekommt mein Leben Festigkeit und ich kann sichere Schritte tun, ich gehe nicht auf Glatteis. Ich gehe einen Schritt nach dem anderen, wenn ich vom Gebet getrieben werde.

»Bleibt auf dem geraden Weg, damit die Verzagten und Schwachen nicht fallen« (Hebräer 12,13). Das heißt: Mein Weg mit Gott hat Auswirkungen auf andere. Die Verzagten und die Schwachen, das sind vielleicht die, die von mir abhängen. Die aufmerksam darauf schauen, wie ich meinen Weg gehe, und die dementsprechend ihre Entscheidungen fällen. Das sind Kinder, das sind Freunde, das sind Leute in der Gemeinde, die wir mit durchbringen in das Reich Gottes.

»Bleibt auf dem geraden Weg, damit die Verzagten und Schwachen nicht fallen, sondern neuen Mut fassen und wieder gesund werden.« Das ist das Ziel: andere ermutigen. Wir Frauen können das sehr gut, wir tun es nur so selten. Andere ermutigen zu dem, was sie tun, loben, unterstützen, stärken, aufbauen. Wir alle müssen unsere Gaben einbringen. Dafür brauchen wir Mut. Dafür brauchen wir Unterstützung. Dafür brauchen wir unser Boxen-Team. Dafür brauchen wir die Männer und Frauen, die uns ermutigen, uns vorantreiben, uns begleiten auf unserem Weg.

Jede hat ihre Aufgabe

Gott hat etwas mit uns vor. Gott braucht jeden und jede von uns. Es gibt keine überflüssigen Menschen im Reich Gottes, jeder hat eine Aufgabe. Und wenn Sie ihre noch nicht kennen, dann fangen Sie an, sich zu fragen: Wofür schlägt mein Herz? Was bewegt mich? Was würde ich gerne machen? Fangen Sie an zu träumen, fangen Sie an, Gott zu fragen. Besprechen Sie ihre Gedanken mit Freundinnen, mit Gemeindeleitern, mit allen, die für Sie zuständig sind, die sich um Sie kümmern. Und gehen Sie mutige Schritte.

Im Vertrauen darauf, dass Sie den Rücken frei haben: Aus meiner Vergangenheit kann mich nichts einholen. Was bereinigt werden muss, was mir eine Falle sein könnte, was mir eine Fußangel stellt, das kläre ich. Mein Gestern ist geheilt.

Und ich lebe heute in der ständigen Verbindung mit Jesus. Egal, wo ich bin, egal, was ich tue, ich lasse mich von ihm erfüllen. Und die Kraft seines heiligen Geistes lebt in mir, nicht nur in den Gottesdiensten, nicht nur wenn ich bete und die Bibel lese, sondern immer. Ich richte mein Denken auf Dinge aus, die gut tun, damit ich Kraft für heute habe. Meine Kraftquellen schütze und pflege ich. Und ich gehe mutige Schritte da wo ich bin, da wo Gott mich hinstellt: In meiner Nachbarschaft, in meiner Familie, in meiner Gemeinde kann ich mutige Schritte gehen, weil ich weiß, dass mein Herr Jesus wiederkommt.

Und dass die Zukunft dieser Welt und die Zukunft meines Lebens sicher sind in seiner Hand.

Gott selber wird Ihnen Mut ins Herz legen. Bitten Sie ihn darum und öffnen Sie sich dafür. Beten Sie um den Mut, Neues zu wagen, Gott zu vertrauen und weiter zu gehen, als Sie bisher gegangen sind. Gott segne Sie dazu.

Freundinnen – ein Herz und eine Seele

Ein Herz und eine Seele. Das kann man sich als Motto für eine Freundschaft vorstellen. Ein Herz und eine Seele. Durch dick und dünn. Das heißt nicht nur, dass bei Freundschaften, die in die Jahre kommen, die Beteiligten etwas dicker werden, sondern das gilt in erster Linie für das Zusammenhalten in schwierigen und in guten Zeiten. Solch ein Zusammenhalt ist für eine Freundschaft sehr wichtig.

Wenn man im eigenen Leben zurückschaut, dann hat man noch Erinnerungen an die erste gute Freundin, die vielleicht ein Nachbarskind war. Ich kann mich fast nicht mehr erinnern, was ich mit meiner ersten Freundin überhaupt gespielt oder gemacht habe. Ich weiß nur noch, dass ich furchtbar geweint habe, als sie wegzog, und überhaupt nicht zu beruhigen war. Und dass ich mich so intensiv als kleines Kind nicht mehr auf eine Freundschaft eingelassen habe. Weil ich immer Angst hatte: Die ziehen wieder weg. Die allererste ganz enge Freundschaft ist eine Urerfahrung, die wahrscheinlich jeder auf eine andere Art und Weise gemacht hat.

Schulfreundinnen hatte ich natürlich viele. Da geht es ums Zusammenhalten, darum, sich selbst zu entdecken, zu sehen: Wer bin ich eigentlich, was bin ich wert, was kann ich. Bei Freundschaften in dieser Phase konkurriert man immer auch ein bisschen miteinander. Oft gehen solche Freundschaften auseinander, wenn die Schule beendet ist und jeder danach einen anderen Weg einschlägt. Neue Beziehungen kommen hinzu, man muss sich entscheiden, wo man jetzt seine Zeit investieren will. Auch mit den neuen Kollegen oder in der neuen Nachbarschaft will man ja Freundschaften aufbauen. Ich bin durch mein Studium und dann das Referendariat von zu Hause weggezogen. Dabei verliert man, auch wenn man das nicht möchte, alte Freunde irgendwann aus den Augen.

Eine Busenfreundin, das ist ja auch ein Begriff, mit dem man viel verbindet. Gemeint ist damit die allerengste Freundin, die auch in der Pubertät eine große Rolle spielt, mit der man alle Geheimnisse teilt, mit der man furchtbar Blödsinn machen und albern sein kann. Auch das ist dann leider in meinem Fall auseinander gegangen, durch Heirat, durch Wegzug, durch alles, was im Leben noch hinzukommt.

Ein Mädchen braucht eine Freundin. Wozu braucht man denn eine Freundin? Eine Freundin ist jemand, der mit mir auf einer Ebene ist, jemand, der ein Stück weit so ist wie ich. Jemand, mit dem ich so sein kann wie ich bin. Bei dem ich mich nicht verstellen muss. Jemand, der das Gleiche durchmacht, der die gleichen Gefühle hat. Der vielleicht das Gleiche erfährt und erlebt wie ich. Vor einer Freundin muss ich keine Angst haben. Ich lege mir nicht vorher zurecht, wie ich mich verhalten will, sondern verhalte mich ganz natürlich, weil ich ungeschützt in diese Beziehung hineingehen kann. Mit anderen Menschen muss ich vielleicht vorsichtig sein, wie ich mich verhalte, was ich sage, was ich preisgebe, denn ich weiß ja nicht, was andere aus den Informationen machen. Bei einer Freundin kann ich ungeschützt, ungedeckt, angstfrei in die Beziehung hineingehen.

In der Kindheit und Jugend entwickelt sich durch eine enge Freundschaft auch die Identität als Mädchen, als Frau.

Es gibt bestimmte Dinge, die finden Jungs einfach blöd. Und in einem bestimmten Alter braucht man dann eine Freundin, die diese Dinge auch toll findet. Über Frisuren reden, sich dann gegenseitig stundenlang die Haare kämmen oder sich gegenseitig schminken zum Beispiel. Solche Rituale sind sehr wichtig, weil sie einem das Gefühl geben: Ich gehöre in die Welt der Frauen, da ist mein Platz. Mit einer Freundin liege ich auf der gleichen Linie, weil wir beide Mädchen sind, weil wir beide auf dem Weg sind, Frauen zu werden. In dieser Phase ist eine Freundin eigentlich unersetzlich, um die eigene Identität als Mädchen und dann später als Frau auszubilden. Eine Freundin ist oft die Brücke zur Welt der Frauen.

Die Kinder- und Jugendzeit ist sehr wichtig für unsere Vorstellungen von Freundschaft. Durch unsere Jugendfreundschaften sind wir geprägt. Wer in dieser Zeit negative Erfahrungen gemacht hat, kann vielleicht später nicht mehr so unbeschwert auf andere Menschen zugehen. Wenn ich also über das Thema »Freundschaft« nachdenke, ist es gut, noch einmal in meine Kindheit zurückzuschauen und mich zu fragen: Hatte ich damals enge Freundinnen? Oder habe ich mir das immer nur gewünscht? Habe ich es vielleicht nur bei anderen gesehen, aber mir war eine solche Freundschaft nicht geschenkt?

Wenn man erwachsen ist, werden die Freundinnen eher rar. Und auch der Begriff »Freundin« wird sehr unterschiedlich benutzt. Manche Menschen, gerade jüngere, haben jemanden eben erst kennen gelernt und reden schon von der anderen als von einer Freundin. Vielleicht denken sie auch, das sei bereits eine Freundschaft, aber Freundschaft hat auch mit Bewährung, mit Zeit zu tun, man muss den anderen wirklich gut kennen und sich aufeinander einlassen.

Andere sind sehr realistisch und reden mehr von »Bekannten« als von »Freundinnen«. Manchmal merkt man erst, welche Vorstellung die andere von der Beziehung eigentlich hat, wenn sie einen einer dritten Person vorstellt. Dann freut man sich vielleicht und denkt: Wie schön, jetzt hat sie gesagt, dass ich ihre Freundin bin. Und manchmal denkt man: Oh, nein, ich möchte nicht, dass sie mich so nennt. Ich möchte mich in dieser Beziehung nicht so sehr engagieren, ich bin ja nur eine gute Bekannte oder eine Nachbarin. Wenn sie mich als Freundin sieht, welche Erwartungen sind dann daran geknüpft? Kann ich die überhaupt erfüllen?

»Eine Freundin ist eine Schwester, die man sich aussucht.« So möchte ich es einmal zusammenfassen. Nicht alle Schwestern sind wesensverwandt. Manche Schwestern sind sehr unterschiedlich. Das zeigt sich schon im Märchen. Bei »Schneeweißchen und Rosenrot« hört man schon am Titel, dass Schwestern nicht immer ganz gleich sind. Und dass es auch nicht immer ohne Streit und Konkurrenz abgeht. Das gehört auch zu der Beziehung zwischen Geschwistern dazu, dass man sich aneinander reibt und sich mit dem anderen auseinander setzt. Es hilft, sich als Mensch und als Persönlichkeit auszubilden, wenn man sich von den Schwestern abgrenzt. Freundinnen sind oft Schwestern, die man sich aussucht. Sie gehören mit zur Familie. Man ist ihnen gegenüber ganz offen, sie haben am ganzen Leben teil.

Vor einigen Wochen wurde meine Tante beerdigt. Als Kind wusste ich nicht, dass sie gar nicht die Schwester meiner Mutter war, zumal meine Mutter sie stets als ihre Schwester vorstellte. Meine Tante hatte als Jugendliche im Krieg ihre Familie verloren, hatte aber noch eine Wohnung. Meine Großeltern hingegen waren ausgebombt worden und sind dann bei meiner Tante mit eingezogen, die damals schon mit meiner Mutter befreundet war. Und von dem Tag an war sie offiziell die Schwester meiner Mutter, auch wenn sie nie rechtmäßig adoptiert wurde.

Im Nachhinein habe ich gedacht: Das ist eigentlich ein schönes Bild für Freundschaft. Bis ins hohe Alter hinein haben meine Mutter und meine Tante diese Freundschaft gepflegt und waren wie Schwestern. »Eine Freundin ist eine Schwester, die man sich aussucht.« Jemand, den man in die eigene Lebensgeschichte integriert. Der ein fester Bestandteil meines Lebens wird.

Was begründet eine Freundschaft?

Meine erste These: *Es ist nicht die Gleichheit.* Gleich und gleich gesellt sich gerne, sagt man zwar. Und das stimmt sicherlich auch bis zu einem gewissen Grade. Manche Freundinnen sehen aus oder benehmen sich wie das Doppelte Lottchen. In allem sind sie ähnlich, haben genau die gleichen Interessen und sehen sich äußerlich ähnlich, weil sie den gleichen Stil mögen.

Aber oft ziehen sich auch Gegensätze an. Gerade da entsteht eine gute und bereichernde Freundschaft, wo genug Unterschiede vorhanden sind. Also macht nicht die Gleichheit der Partner eine Freundschaft aus, sondern die Gleichgerichtetheit. Man arbeitet auf die gleichen Ziele hin, man hat die gleichen Interessen, man schaut in eine Richtung, man ist gemeinsam unterwegs. Nicht die Gleichheit, sondern die Gleichgerichtetheit begründet eine Freundschaft.

Und dann, ich habe es vorhin schon angedeutet, ist eines ganz wichtig: ein ebenbürtiges Interesse an dieser Beziehung. Eine Freundschaft wird schnell zur Belastung, wenn einer mehr fordert, als der andere bereit ist zu geben. Manche Menschen haben von vornherein unrealistische Erwartungen an Freunde, die werden natürlich auch immer wieder enttäuscht. Eine Freundschaft erfordert das gleiche Interesse von beiden Seiten. Wenn immer nur einer von beiden anruft und fragt: »Wann treffen wir uns wieder?« oder »Kannst du nicht mal vorbeikommen?«, dann ist das schon ein Hinweis, dass es sich bei der Beziehung vielleicht gar nicht um eine Freundschaft handelt, sondern dass sich hier ein Mensch um einen anderen Menschen kümmert. Eine gute Freundschaft lebt davon, dass beide Seiten an der Beziehung interessiert sind, und beide Seiten investieren und dranbleiben. Eine gute Freundschaft zeichnet sich dadurch aus, dass man gerne Zeit miteinander verbringt, Freizeit oder Arbeitszeit; zum Beispiel zusammen die Weihnachtsplätzchen backen und hinterher die Küche aufräumen, zusammen einkaufen gehen, gemeinsam ins Kino gehen; und dass beide diese Zeit auch genießen. Wenn man sich in der gemeinsamen Zeit gestresst fühlt, ist es vielleicht keine gute Freundschaft. Wenn man das Gefühl hat: Das tut mir jetzt richtig gut, mit diesem Menschen zusammen zu sein, – dann würde ich sagen, hat man eine wirkliche Freundin gefunden. Das Interesse am anderen muss jeweils im Vordergrund stehen.

Wenn jemand aus einer Freundschaft nur für sich etwas haben will, dann macht er sich abhängig vom andern. Und dann ist die Freundschaft von Anfang an in der Gefahr, in ein Betreuungsverhältnis abzurutschen. Wenn die andere ständig das Gefühl hat, dass ich von ihr etwas erwarte und dass sie die Starke sein muss, wird es ihr irgendwann zu viel werden und sie wird versuchen, mich abzuschütteln, mich loszuwerden. Weil sie auch etwas von der Freundschaft haben will, weil es gegenseitiges Interesse braucht, um eine Freundschaft aufrechtzuerhalten. Die Freude an der gemeinsamen Zeit und das Interesse an dem anderen als Person sind Grundvoraussetzungen einer guten Freundschaft. Doris Siegentaler, eine bekannte Fitnesstrainerin, hat einmal gesagt: Freundschaft ist eine Beziehung, die überleben hilft.

Eine Freundschaft erkennt man daran, ob sie mir hilft, mein Leben besser zu leben. Oder es besser zu überleben. Denn die Herausforderungen des Lebens können wir uns nicht aussuchen, die kommen über uns. Krankheiten, Schwierigkeiten, Streit – selbst verursacht oder uns aufgezwungen. Was auch immer in unserem Leben passiert, wir brauchen Menschen, die es mit uns durchstehen. Und in schwierigen Situationen zeigt sich, wer unsere Freundin ist. Wer ist dann wirklich für mich da? Wer steht das mit mir durch? Wer hilft mir jetzt, über diese Hürde hinwegzukommen? Auf wen kann ich mich jetzt verlassen? In einer Freundschaft wird kein Thema ausgeklammert, man kann zusammen lachen und man kann zusammen weinen. Man kann klagen und jammern und man kann sich auch mal lauthals beschweren, auch wenn man eigentlich weiß: So schlimm ist es gar nicht. Aber man darf echt sein und sich auch ein Stück gehen lassen in der Beziehung. Ich kann alles, was mein Leben betrifft, mit der anderen teilen.

Was gefährdet eine Freundschaft?

Die *Abhängigkeit,* wie vorhin schon erwähnt. Wenn sich eine von der Meinung, vom Geschmack, von der Aufmerksamkeit der anderen abhängig macht. Wir Frauen bilden sehr schnell sehr enge Beziehungen. Wir können rasch teilnehmen am Leben der anderen, wir sind wirklich interessiert an ihr.

Aber das kann auch leicht umkippen, wenn ich mich von der anderen zu abhängig mache. Damit wir gute Freundinnen sind, müssen wir einander aber so stehen lassen, wie wir sind, als eigenständige Menschen.

Eine andere Seite derselben Medaille ist der *Egoismus*. Ich überlege mir genau: Was bringt mir diese Beziehung, dieser Mensch? Nimmt sie mir die Kinder ab? Oder hilft sie mir beim Hausputz? Oder was hab ich sonst davon, dass ich mit dieser Frau befreundet bin? Natürlich wird die andere diese Haltung bemerken, und das gefährdet die Freundschaft.

Können aber beide geben, dann können auch beide von der Freundschaft profitieren. Eine Freundschaft ist wie ein Konto, auf das man einzahlt. Wenn zwei Leute einzahlen, können zwei Leute auch mehr abheben. Wenn nur immer einer einzahlt, ist das Konto schnell erschöpft, weil zwei Leute abheben. Deswegen ist es wichtig, dass beide investieren. Egoismus zerstört eine Freundschaft.

Auch *Neid und Eifersucht* gehören in die Kategorie »Egoismus«. Neid und Eifersucht wirken zerstörerisch auf Beziehungen im Allgemeinen und ganz speziell auf Freundschaften. Wir Frauen haben da den großen Nachteil, dass Neid und Eifersucht uns sehr nahe stehen. Das Vergleichen, das liegt uns allen irgendwie im Blut. Bei Männern ist das möglicherweise auf ganz anderen Ebenen, mit ganz anderen Themen auch ein Problem. Aber bei uns Frauen habe ich das Gefühl, dass wir ständig damit beschäftigt sind, uns mit anderen zu vergleichen. Die hat es besser, deren Mann ist netter, die Kinder sind lieber, die sind besser erzogen oder gehorchen besser, die hat mehr Geld, die hat ein schöneres Haus, die hat eine neue Einbauküche und ich nicht. Durch dieses Vergleichen schleichen sich Neid und Missgunst ein.

Und plötzlich wird ein Mensch, den man gern hat und dem man eigentlich etwas Gutes gönnen will, zum Objekt des Neides. Die Freundschaft verändert sich, wenn ich Probleme damit habe, dass sie sich schon wieder neue Schuhe kaufen kann und sich schon wieder das Wohnzimmer neu einrichtet und ich sitze immer noch auf meinen alten Möbeln. Durch solche Gefühle bleibt eine Freundschaft nicht unangetastet, sondern sie gerät in Gefahr.

Das haben wir sicherlich alle schon hier oder da erlebt, dass wir entweder selber neidisch wurden oder dass andere auf uns neidisch wurden. Ich habe das leidvoll erlebt in einer Beziehung, die ich für eine sehr gute Freundschaft hielt. Ich musste erfahren, dass die Frau, die ich für meine Freundin hielt, sich ständig mit mir verglichen hat. Sie hatte ein Kind, ich nicht; ich konnte viel unternehmen, sie war zu Hause. Ich konnte predigen oder Vorträge halten, das lag ihr gar nicht. Aber für andere Fähigkeiten habe ich sie bewundert. Sie ist eine großartige Hausfrau, wie ich es nie sein werde, auch mit aller Anstrengung nicht, ihr gelang einfach alles. Aber ich habe sie nie darum beneidet, ich fand das toll, ich habe das geschätzt, unterstützt, bewundert, wollte mir so gerne mal eine Scheibe abschneiden. Und sie hat mich als Konkurrenz empfunden und wurde immer neidischer, hat es aber nie ausgesprochen. Erst nach Jahren kam sie zu mir und sagte: Sie müsste mir jetzt endlich mal die Wahrheit sagen, sie hätte mich noch nie leiden können, und sie hätte die Beziehung mit mir nur aufrecht erhalten, weil sie dachte, als Christ muss man ja irgendwie auch mit Menschen klar kommen, die man nicht mag. Ich fiel aus allen Wolken, denn ich hatte sie immer für eine gute Freundin gehalten. Der Neid, das ständige Vergleichen hatte diese Beziehung kaputt gemacht. Immer hatte sie nur gesehen, was ich alles konnte oder machte; schließlich schlugen ihre Gefühle mir gegenüber um. Denn Neid erzeugt Hass. Und das macht die Beziehung kaputt. Davor müssen wir uns in unseren Freundschaften sehr in Acht nehmen und mit dem unseligen Vergleichen aufhören. Vielmehr sollten wir der anderen von Herzen gönnen, was sie hat, und ihr noch mehr Gutes wünschen.

Und das fängt im Kopf an. Was denke ich, wenn die andere immer Erfolg hat, sie immer gesund ist, es ihr immer gut geht, und ich bin immer krank und habe immer Probleme und muss immer sehen, wie ich durchkomme. Gönne ich ihr das? Kann ich mich für sie freuen, wenn es ihr gut geht? Dass sie gesunde Kinder hat, dass sie einen Mann hat, der sie liebt? Kann ich mich wirklich freuen? Wenn ich das kann, dann bin ich eine gute Freundin. Wenn ich das nicht kann, gefährde ich die Beziehung und ich schade vielleicht auch dem anderen Menschen. Indem ich ihr Missgunst entgegenbringe, verletze ich sie vielleicht, denn sie wird spüren, ob sie angenommen ist. Wenn sie sich nicht angenommen fühlt, wird sie ihr Glück auch nicht mehr mit mir teilen wollen. Denn ich könnte es ihr missgönnen.

Da aber Leiden und Freuden zum Leben gehören, gehören sie auch in eine Freundschaft. Sich freuen mit dem, der sich freut und weinen mit dem, der weint. Dieses biblische Prinzip findet man in jeder intakten Freundschaft wieder.

Die Eifersucht kann wie der Neid eine Freundschaft von innen aushöhlen. Wenn eine Frau nicht ertragen kann, dass die Freundin auch noch andere Freundinnen hat, vielleicht sogar viele, und sie sich über den eigenen Status unsicher ist: Bin ich jetzt die beste Freundin oder eine andere?, dann sollte sie ihre eigenen Gedanken einmal überprüfen.

Aber auch auf den Mann und die Kinder der Freundin kann man eifersüchtig sein. Wenn man die Freundschaft in Konkurrenz sieht zu anderen Beziehungen im Leben, kann das sehr schnell zu ihrem Ende führen. Eine Freundschaft ist dann sinnvoll und hilfreich, wenn sie unterstützt, wenn sie Freiheit gibt, wenn sie den anderen fördert in seinem ganzen Lebenszusammenhang, also auch in anderen Beziehungen. Gut ist es, wenn ich mich mitfreuen kann, dass meine Freundin auch noch fünf andere Freundinnen hat; wenn zwischen uns alles stimmt, kenne ich die anderen fünf auch und mag sie. Und wenn eine davon mir nicht so sehr liegt, oder eine Neuigkeit eher erfahren hat als ich selber, oder mehr angerufen wird, oder näher wohnt – dann sollte ich auf meine Gedanken achten und jede Eifersucht ausmerzen, denn sonst habe ich die Freundschaft bald verspielt.

Einfluss von Dritten gefährdet die Beziehung. Es gibt immer mal wieder Menschen, die sich hineindrängen in eine Freundschaft, weil sie das enge Verhältnis sehen und daran teilhaben wollen.

Vertrauensbruch ist ein weiteres Problem. Ich habe meiner Freundin etwas erzählt und es ist nicht bei ihr geblieben, sondern sie hat es weitererzählt. Das kann schlimme Auswirkungen haben, wenn man nicht neu miteinander redet, sich austauscht, einander vergibt und neu anfängt. Auch sich selber sollte man immer wieder prüfen: Gehe ich mit Informationen, die ich von ihr erhalte, wirklich vertraulich um? Oder erzähle ich sie – vielleicht als Gebetsanliegen und in bester Absicht – doch irgendwo weiter?

Auch *unvergebene Schuld* kann eine Freundschaft zerstören. Jeder Mensch, mit dem man zu tun hat, kann einen verletzen, auch die beste Freundin. Jeder Mensch ist letztlich einfach nur ein Sünder wie ich selbst. Jeder Mensch macht Fehler, ist egoistisch, schwierig und alles andere als ideal und perfekt. Deswegen gibt es in jeder Beziehung, auch in jeder Freundschaft, Verwundung, Enttäuschung, Verletzung. Worte, die vielleicht ganz anders beim anderen ankommen, als man sie gemeint hat, Missverständnisse, aus denen sich Gräben entwickeln, wenn man sich zurückzieht. Solche Dinge muss man erkennen und rechtzeitig ans Licht bringen, miteinander darüber reden und sie klären.

Zu hohe Erwartungen können eine Freundschaft ersticken. Ich habe auf der Frankfurter Buchmesse eine Karte entdeckt. Es sind zwei Engel darauf abgebildet. Sie stehen nebeneinander. Jeder Engel hat nur einen Flügel. Unten steht: Wir Menschen sind Engel mit nur einem Flügel. Um fliegen zu können, müssen wir einander umarmen.

Ich finde das ein schönes Bild für Freundschaft. Jeder bringt seinen Flügel, sein Leben mit ein, mit allem was dranhängt an Beziehungen, an Menschen, an Aufgaben, an Herausforderungen. Und die Freundin, die mir zur Seite steht, bringt ihren Teil mit. Und wenn wir uns zusammentun, können wir was bewegen, kommen wir vorwärts, werden wir herausgefordert weiterzugehen. Wir umarmen uns, aber umklammern uns nicht. Wir halten uns fest, aber wir wollen den anderen nicht festhalten. Wir schwingen gemeinsam, sind gemeinsam unterwegs, aber jede hat ein eigenes Ziel. Und jede kann der anderen auch noch die Freiheit geben, es anders zu machen.

Dabei ist es für die Engel wichtig, dass sie nebeneinander stehen. Wenn sie einander gegenüber stehen, dann nützen ihnen die beiden Flügel gar nichts. Dann können sie nur immer enger zueinander kommen, aber sie kommen nicht vorwärts. Sie müssen in die gleiche Richtung schauen.

Anders als ein Partner, mit dem man auch ein Stück weit verwächst, ist eine Freundin jemand, der mir zur Seite steht, deren von mir unabhängige Persönlichkeit, deren Grenzen ich aber akzeptiere. Anders als bei meinem Mann »verschmelze« ich mit meiner Freundin nicht. Ich halte das für wichtig. Denn wenn eine von der anderen erwartet, dass sie jetzt ihr Lebensinhalt wird, vielleicht weil kein Partner (mehr) vorhanden ist, kann das nicht gut gehen. Diesen Erwartungen kann keine Freundschaft standhalten.

Bisher ging es in erster Linie darum, was Freundschaften gefährdet. Aber *was macht eine gute Freundschaft aus?*

Eine gute Freundin bin ich dann, *wenn ich die andere so annehme, wie sie ist* und nicht, wie ich sie gern hätte. Wenn ich in eine Freundschaft gehe mit der Erwartung: Na ja, ich kann sie ja noch ein bisschen erziehen oder ändern, an ihrem Geschmack lässt sich noch arbeiten und vielleicht wird sie ja doch noch sportlich, wenn ich sie einfach mit zum Sport nehme – das geht schief. Eine Freundschaft lebt davon, dass die andere mich so annimmt wie ich bin. Nicht bei vielen Menschen darf man einfach so sein, wie man ist. Eine gute Freundin stößt mich nicht beim ersten Fehler von sich. Sie kann mir vergeben oder über einiges auch hinwegsehen.

Ich will das Beste für meine Freundin, ich will, dass es ihr gut geht. Und ich freue mich, wenn das so ist. In einer guten Beziehung kitzelt man möglicherweise sogar das Beste aus dem anderen heraus, spornt ihn an, seine Gaben und Fähigkeiten zu entdecken und zu fördern, indem man einfach mal sagt: Du kannst so toll malen, leg doch mal los. Oder: Du gehst so gut mit deinen Kindern um, ich bewundere das.

Die andere loben, unterstützen, fördern – das gehört zu einer guten Freundschaft dazu. Die andere herausfordern, sich nicht hängen zu lassen, sondern die besten Vorsätze und Träume in ihrem Leben umzusetzen.

Das Beste an einer Freundschaft ist, dass sie in schweren Zeiten trägt. Und das merkt man erst in schweren Zeiten. Das kann man nicht vorher schon überprüfen, es gibt keine Skala, auf der man eine Freundschaft messen kann. Die einzige Skala, auf der sich eine Freundschaft messen lässt, ist die Not; sozusagen eine Art »Stiftung Freundschafts-Test«. Wenn es einem schlecht geht, weiß man, wer eine gute Freundin ist. Wer hält mit mir durch, wenn ich nicht mehr kann? Wenn ich nicht mehr attraktiv bin, weil ich krank bin, weil ich depressiv bin, weil ich traure, weil ich keine Kraft habe?

Interessanterweise sind das oft ganz andere Menschen, als man vorher angenommen hatte. Nicht unbedingt die, mit denen man sehr viel Zeit verbracht hat. Und nicht die, die man für attraktiv gehalten hat. Es sind oft Menschen, die unscheinbar sind, die dienen können, die durchhalten können. Die sagen einem dann, wenn es schlecht geht: Ich bin für dich da, du kannst mich anrufen tags oder nachts, ich komme.

Das haben wir sicher alle schon erfahren. Manchmal ändert sich eine Beziehung zum Schlechten nach solch einer Erfahrung, weil man gemerkt hat: Die Leute, die immer zum Feiern kamen und die man für seine Freunde gehalten hat, sind vielleicht gar nicht wirklich Freunde, sondern waren Freizeitgenossen.

Eine gute Freundschaft fordert Zeit, oder anders gesagt: Wenn man Zeit miteinander verbringt, stärkt das die Freundschaft. Nicht immer geht es dabei um die schiere Zeitmenge, die vielen Stunden. Auch die Qualität der Zeit zählt. Ich kann mit einer Freundin sechs Stunden einkaufen gehen, wir sind beide hinterher total erschossen und haben nichts Persönliches miteinander gesprochen. Ich kann aber auch kurz anrufen und in fünf Sätzen wissen, was los ist. Nicht Quantität, sondern Qualität ist wichtig. Wie schnell kann ich mich öffnen, wie schnell wissen wir voneinander, wie es uns wirklich geht. Bei guten Freundinnen hört man es schon an der Stimme oder man sieht es an der Körperhaltung, ob alles stimmt oder irgendetwas faul ist.

Gegenseitiges Vertrauen ist ein ganz wichtiges Element für jede Freundschaft. Ich muss mich darauf verlassen können, dass das, was ich meiner Freundin anvertraue, auch bei ihr bleibt. Sonst ist sie vielleicht nur eine gute Bekannte – eine Freundin kann schweigen.

Gemeinsame Erfahrungen bereichern jede Freundschaft. Vielleicht können Sie sich nach einiger Zeit mit Ihrer besten Freundin auch einmal ein gemeinsames Wochenende an einem schönen Ort gönnen, um Ihre Freundschaft zu feiern. Man kann sich auch ruhig einmal beieinander bedanken, dass die andere einem schon so lange die Treue gehalten hat.

Auch die schwierigen Erfahrungen schweißen zusammen. Mit meinen guten Freundinnen habe ich oft ganz dramatische Sachen erlebt. Eine junge Frau hat mich z. B. immer zu meiner Chemotherapie begleitet. Wir haben vorher wie danach wenig Zeit miteinander verbracht, aber zu ihr ist eine intensive Beziehung entstanden.

Freundschaften leben von gemeinsamen Erfahrungen. Von schwierigen Erfahrungen und von schönen Erlebnissen. Beides gehört dazu. Manchmal erwarten wir vielleicht, dass es in unseren Freundschaften immer fröhlich zugehen muss. Aber das ist eine unrealistische Erwartung an das Leben und an die Freundschaft. Viel eher kann manchmal geteiltes Leid in einer Freundschaft doppeltes Leid sein, wenn ich zu meinen Lasten noch die der anderen auf mich nehme.

Offenheit ist in einer Freundschaft wichtig. Man muss sich ehrlich und authentisch geben können, als Person nach innen und außen übereinstimmen.

Kontinuität ist ein weiterer zentraler Punkt. Freundschaften müssen eine gewisse Dauerhaftigkeit beweisen. Manche Freundin wohnt vielleicht sehr weit weg, aber wenn man sich besucht, ist von der ersten Minute an alles so, als hätte man sich gerade erst gestern verabschiedet. Auch wenn Jahre seit dem letzten Treffen vergangen sind. Die Beziehung ist ein für allemal gebaut. Weil diese Brücke steht, kann man jederzeit auch wieder drübergehen. Wichtiger, als dass man sich oft sieht, ist der Wille, an der anderen dranzubleiben, ihr Leben mit Anteilnahme zu verfolgen.

Freundschaft hat mit Selbstverpflichtung zu tun. Ich verpflichte mich innerlich, zu diesem Menschen zu stehen. *Das macht die Freundschaft Gottes mit uns aus: Gott hat sich verpflichtet, uns Menschen anzunehmen und zu lieben.*

Ich habe vor einiger Zeit auf einer Veranstaltung über meine Beziehung zu Gott gesprochen. Hinterher kam eine Frau zu mir und sagte: »Ich bin so wütend auf Sie.«

Ich sagte: »Wieso? Was habe ich Ihnen getan?«

Sie: »Sie stellen sich da vorne hin und behaupten, man könne eine Beziehung zu Gott haben. Das finde ich unverschämt! Die Menschen können keine Beziehung zu Gott haben.«

Ich sagte: »Das ist ja interessant. Wieso denn nicht?«

Sie meinte: »Die Menschen sind das Allerletzte. Gott hätte die Menschen erst gar nicht erschaffen dürfen. Der Mensch ist so gefährlich; er macht alles kaputt, was Gott geschaffen hat. Er hätte die Menschen alle vernichten müssen.«

Ich sagte: »Sie haben eigentlich vollkommen recht. Eigentlich ist der Mensch eine Katastrophe. Eigentlich macht der Mensch das kaputt, was Gott mühsam geschaffen und uns anvertraut hat, nämlich diese Welt, andere Menschen und die Natur. Dieses Urteil über den Menschen spricht auch die Bibel. Eigentlich haben wir Gottes Liebe nicht verdient. Aber Gott hat sich verpflichtet, den Menschen zu lieben. Gott investiert in Freundschaft. Gott investiert seine Liebe in uns Menschen und er gibt nicht auf, sondern er vergibt. Er lädt uns ein, anders zu werden, umzukehren, in der Beziehung zu ihm andere Menschen zu werden. Er möchte, dass wir seine Freundschaft annehmen.«

Die Frau war ganz überrascht, denn sie war davon ausgegangen, dass ich den Menschen verteidigen würde. Sie versprach, weiter darüber nachzudenken und mir zu schreiben. Aber etwas hatte diese Frau verstanden davon, wie unmöglich es erscheint, dass Gott uns Menschen, die wir so viele Schwierigkeiten in diese Welt hineinbringen, liebt und annimmt. Wir haben es nicht verdient. Gott bietet uns seine Freundschaft an. Von Anfang an wollte Gott in Beziehung zu Menschen leben. Wir sehen das bei Adam und Eva. Doch den Menschen reichte die Freundschaft nicht, sie wollten selbst sein wie Gott. Sie trennten sich damit von seinen Plänen und Wegen. Doch Gott gab nicht auf. Er verpflichtete sich auf diese Freundschaft und er hat in Jesus einen Weg gefunden, wie die Freundschaft weitergehen kann, obwohl wir sie aufgekündigt haben. In Jesus kam Gott selbst in diese Welt und wurde Mensch wie wir. Er legte alle Macht und Herrlichkeit ab und ließ sich am Kreuz töten, stellvertretend für uns Menschen. Er beseitigte den Graben, der zwischen Gott und Menschen entstanden war. Er öffnete uns die Tür zurück zu Gott. Jesus bietet uns neu die Freundschaft mit Gott an. Wir können bei ihm neu anfangen, neu einsteigen in die Freundschaft zu Gott.

Eine gute Freundschaft lässt immer Platz für andere Menschen und deren Bedürfnisse. Sonst schotten sich da zwei ab von der Welt und werden miteinander einsam. Das ist bei Ehepaaren so und das ist auch bei guten Freundinnen so.

Es ist wichtig, sich vor Augen zu führen, dass man eine Freundin nicht »haben« kann. Wenn ich sie »haben« will, werde ich sie vielleicht ganz schnell wieder verlieren. Ich kann eigentlich immer nur eine Freundin sein. Denn nur das kann ich beeinflussen. Ich kann nicht zu jemandem hingehen und sagen: »Ich möchte dich als Freundin haben«, wenn es keine Beziehung zueinander gibt.

Wer eine Freundin haben will, muss anfangen, eine zu sein. Fangen Sie an, eine Freundin zu sein. Investieren Sie in das Leben anderer Menschen, ohne zurückzufordern. Ohne zu messen, was Sie selbst dabei gewinnen. Seien Sie eine Freundin. Es gibt so viele Menschen, die auf Freundschaft warten. Schauen Sie sich um in Ihrem Bekanntenkreis, in Ihrer Nachbarschaft, wo vielleicht Menschen alleine sind. Wo Menschen jemanden brauchen, der zuhört, der zupackt, der da ist. Und seien Sie eine Freundin. Dann muss keine mehr jammern und sagen: Ich habe keine Freundin. Eine Freundin sein kann jede. Eine Freundin haben ist schon schwieriger.

Vielleicht nehmen Sie sich eine Freundschaft vor, die Ihnen ein bisschen eingerostet erscheint, und fangen an, daran zu arbeiten. Wo sich Misstrauen eingeschlichen hat. Wo Neid und Eifersucht an der Freundschaft nagen. Beschließen Sie, das zu ändern. Das fängt im Kopf an. Lassen Sie kein negatives Denken, keine Neid- und Eifersuchtsgefühle zu. Wenn Ihnen die andere etwas wert ist, dann stellen Sie Ihre eigenen Bedürfnisse und Rechte ein wenig zurück und investieren Sie in den anderen Menschen.

»Eine echte Freundin kennt die Melodie meines Herzens und singt sie mir vor, wenn ich sie vergessen habe.« Sie öffnet mir wieder den Weg, der verschüttet war, und sagt mir: Dahin wolltest du doch eigentlich, sieh doch mal zu, dass du wieder die Kurve kriegst. Eine gute Freundschaft trägt durch dick und dünn wie eine stabile Brücke. Und wie die Brücke baut sie sich von zwei Seiten auf. Wenn sie nur von einer Seite gebaut wird, stürzt sie irgendwann in sich zusammen, weil sie die Last nicht tragen kann. Wenn von zwei Seiten gebaut wird, begegnet man sich in der Mitte. Und die Brücke kommt zustande und trägt für viele Jahre.

Der Gott der Bibel redet viel von Freundschaft mit den Menschen. Das findet man so in keiner anderen Religion. In der Bibel wird gesagt: »Ihr seid nun nicht mehr Knechte – Menschen die einer Religion oder einer religiösen Gruppe dienen – sondern Freunde Gottes« (Epheser 2,19). Ich darf ein Freund Gottes sein. Ich darf eine Freundin Gottes sein.

Gott bietet uns seine Freundschaft an. Wenn ich bereit bin, mich selbst einzubringen, etwas Zeit und Kraft zu investieren, dann will Gott eine Freundschaft mit mir aufbauen.

Mein Glaube an Gott ist nicht eine Leistung, etwas, das ich mir hart erarbeiten muss, sondern eine Freundschafts-Beziehung, in der Gott mir vielleicht auch seine Geheimnisse mitteilt. Er will mich hineinnehmen in seine Pläne und Vorhaben, so dass ich mitwirken kann.

Mehr als Menschen es sein können, ist Gott ein Freund für die schweren Zeiten. Vielleicht haben Sie es selbst auch schon erfahren, dass Gott in den schweren Zeiten durchträgt. Er verabschiedet sich dann nicht und zieht sich nicht zurück, sondern ist gerade in schwierigen Zeiten für uns da.

Die Freundschaft mit Gott steht uns allen offen. Vielleicht denken Sie: Ja, eigentlich müsste ich noch mal zustimmen zu dieser Freundschaft. Eigentlich ist es für mich dran, wieder mit Gott ins Gespräch zu kommen, ihm zu sagen: Du bist mir ein Freund, ich will auch deine Freundin sein. Ich will Zeit mit dir verbringen, ich will dich kennen lernen, ich will mit dir durch dieses Leben gehen.

Meine Zeit – wem gehört sie?

Meine Zeit – wem gehört sie?

Ich glaube, das fragen wir uns immer wieder. Gerade als Frauen geht es uns ja oft so, dass unsere Zeit von anderen Menschen beansprucht und verplant wird. Man muss für andere zur Verfügung stehen, man ist zerrissen zwischen dem alltäglichen Hin und Her im Haushalt, der Familie, dem Beruf.

Vor Jahren war Michael Endes Buch *Momo* ein großer Erfolg. Darin wird von grauen Herren erzählt, die den Menschen die Zeit rauben. Oft habe ich das Gefühl, dass sie auch hinter mir her sind. Vielleicht geht es Ihnen auch so.

Wer hat heute eigentlich noch Zeit?

Fangen wir mal ganz klein an. Kinder müssten doch eigentlich viel Zeit haben. Sie müssen noch nicht zur Arbeit gehen, haben noch keine Aufgaben im Haushalt zu erledigen. Kinder haben viel Zeit. Denkt man so, aber das stimmt oft gar nicht. Denn wenn man sich den Terminplan von manchen Kindern ansieht, dann haben die oft schon überhaupt keine Zeit mehr.

Es geht schon im Kindergarten los: Das Kind verabredet sich mit Freund oder Freundin, und Mutter oder auch Vater muss dann sehen, wie die Kinder pünktlich von Hier nach Dort und zurück kommen. Als Mutter ist man damit oft schon sehr beschäftigt, wie mir meine Freundinnen gern berichten.

Kinder haben nicht viel Zeit. Als ich vor einiger Zeit in einem Gottesdienst in Marburg predigte, sprach ich hinterher noch mit einem Gottesdienstbesucher. Sein Kind, es war etwa 4 ½ Jahre alt, zerrte den Vater unterdessen immerzu am Hosenbein und drängelte: »Ich muss nach Hause, ich muss nach Hause.«

Schließlich habe ich gefragt: »Ja, was ist denn zu Hause?« »Die Sendung mit der Maus fängt gleich an!«

Da hatte das Kind einen Termin. Es konnte jetzt nicht noch ein bisschen spielen oder noch ein bisschen zuhören, es musste nach Hause. Das Fernsehen war wichtig.

Also, Kinder haben auch keine Zeit.

Hausfrauen, die haben doch eigentlich Zeit. Vielleicht erinnern Sie sich wie ich an ein Lied, das es vor Jahren mal gab: Das bisschen Haushalt ist doch leicht getan, sagt mein Mann – so ähnlich lautete es.

Hausfrauen müssten doch Zeit haben! Aber ich denke, die Hausfrauen unter Ihnen wissen, wie wenig das zutrifft.

Rentner, die haben Zeit. Stimmt auch nicht?! Ich muss Ihnen recht geben. Meine Mutter ist so viel unterwegs, ich muss mich mit ihr sogar zum Telefonieren verabreden. Sie ist jetzt 78 Jahre alt, aber sie geht zur Frauenstunde und macht Besuche im Altenheim und noch vieles andere; also Zeit hat sie auch wenig.

Reiche Menschen haben Zeit. Die lassen ja für sich arbeiten. Auch das stimmt nicht. Auch Reiche haben keine Zeit. Die müssen Golf spielen, die müssen zum Einkaufen nach London fliegen oder nach New York. Sie sind ständig beschäftigt, haben ihre Termine beim Schönheitschirurgen oder bei der Maniküre. Bei den Reichen also auch Fehlanzeige.

Man könnte die Liste beliebig fortführen. Das Problem unserer Zeit ist, dass wir keine Zeit haben. Keine Zeit für uns selber. Ich habe mich natürlich selbstkritisch befragt: Was mache *ich* denn eigentlich mit meiner Zeit?

Und ich muss sagen, letzte Woche hatte ich keine gute Zeiteinteilung. Es gab in der ganzen Woche etwa zwei Stunden, über die ich frei verfügen konnte. Da habe ich dann ein Seidentuch für einen Basar gemalt, der demnächst stattfindet. Auch nicht *sehr* frei. Aber es hat Spaß gemacht.

Es gab vor längerer Zeit eine Reklame, die lautete: Endlich ich, Zeit für mich.

Und dann sah man in der Anzeige oder dem Fernsehspot, wie ein Bier eingeschüttet wurde. Endlich ich, Zeit für mich. Ich habe mich dabei immer gefragt, ob man ein Bier als Entschuldigung braucht, wenn man sich endlich mal Zeit nur für sich selbst nehmen will.

Wir haben keine Zeit für uns selbst. Viele von uns haben keine Zeit, ein gutes Essen zu kochen. Oft gibt es etwas aus der Dose, weil man keine Zeit hat, noch großartig zu kochen. Eben deshalb breiten sich die Fast-Food-Ketten und die kleinen Portionen und das eingefrorene, fertige, in Tüten gepackte Essen immer mehr in den Regalen aus.

Keine Zeit für die Familie. Wenn man mal kritisch nachfragt: Wie viel gut genutzte Zeit verbringen alle Familienmitglieder miteinander? – dann wird es schon kritisch.

Wir hatten vor einigen Jahren Besuch von einer amerikanischen Familie, die für ein Jahr bei uns gewohnt hat, und nach drei Wochen war die Mutter vollkommen entnervt. Sicher spielte der Kulturschock eine Rolle. Aber was sie wirklich fertig machte, das brach eines Tages aus ihr heraus, als sie sagte: »Ich halte das nicht mehr aus, wir haben als Familie noch nie so viel Zeit miteinander gehabt wie jetzt hier.« Plötzlich fielen alle Außentermine weg, die Sportveranstaltungen der Kinder, die Uni des Mannes, und sie waren miteinander allein und merkten: Sie hatten nie so viel Zeit miteinander verbracht wie jetzt in der neuen Umgebung. Das kann ganz schön stressig sein, weil man sich ja auch gut ausweichen kann, wenn jeder seine Termine hat.

Keine Zeit für Freundschaften. Vielleicht geht es Ihnen ähnlich: Wenn ich mich mal mit einer guten Freundin verabreden will, müssen wir beide erst unsere Terminkalender wälzen und uns fragen, wann das denn noch reinpasst, und dann findet man vielleicht irgendwann ein Stündchen nach einem Termin und vor einem anderen Termin. Da kann man sich dann treffen.

Keine Zeit für Nachbarschaft. Man hat keine Zeit, mit der Nachbarin einfach mal nur so zusammenzusitzen und einen Kaffee zu trinken, man hat ja schließlich was zu tun. Man will ja auch nicht anderen gegenüber so wirken, als hätte man alle Zeit der Welt. Als wäre man untätig.

Keine Zeit für die Kinder. Vor gut einem Jahr hat mir eine junge Frau in einem seelsorgerlichen Gespräch erzählt, dass sie das erste Jahr ihres Lebens angeschnallt im Kinderbettchen verbracht hat. Die Eltern waren selbständig und mussten im Geschäft arbeiten. Sie wurde regelmäßig gefüttert und versorgt, aber nicht gefördert. Sie musste mit einem Jahr erst lernen, die Welt zu entdecken. Und das waren Eltern, die ihr Kind liebten. Aber der rein finanzielle Druck war so groß, dass vor lauter Arbeit keine Zeit für das Kind blieb. Und wie oft hören Kinder den Satz: Jetzt nicht, ich habe grade keine Zeit!

Eigentlich ist das merkwürdig, denn in unserer hoch technisierten Zeit müssten wir doch viel mehr Zeit haben als die Menschen früher. Die tägliche Arbeitszeit ist kürzer als noch vor einigen Jahren. In Deutschland arbeiten wir de facto weniger Stunden als in anderen Ländern Europas oder in Amerika. Wir haben auch mehr Urlaub. Wir haben mehr Zeit sparende Haushaltsgeräte als jede Generation vor uns – und dennoch haben wir keine Zeit. Wie kommt das eigentlich?

Jedes Jahr reise ich mit meinem Mann in den Sudan. In diesem Land gibt es wenig technischen Fortschritt. Ich werde immer gefragt: »Was machst du denn die ganze Zeit, wenn du mit Roland im Sudan bist?«

Und wenn ich dann antworte: »Ich kümmere mich um den Haushalt«, dann lachen immer alle, weil sie denken, das dauere vielleicht eine Stunde am Tag. Aber im Sudan gibt es tagelang keinen Strom, es gibt oft kein fließendes Wasser, man muss das Wasser abkochen, man muss den Reis erst von Steinen und Glas befreien und einzeln die Körner lesen. Man muss das Mehl sieben, weil Maden drin sind, und so weiter und so fort. Und alleine den Haushalt zu führen dauert schon Stunden um Stunden. Wenn ich im Sudan bin, merke ich oft, wie mein Leben sich verlangsamt. Plötzlich habe ich ganz viel Zeit, obwohl ich so viel Zeit mit Hausarbeit verbringe.

Denn im Sudan ticken die Uhren anders. Da ist man immer mit dem beschäftigt, was man gerade im Moment zu tun hat. Man denkt nicht schon an zehn andere Sachen und man plant nicht schon die nächsten fünf Termine. Man kann gar nicht planen, weil man nicht weiß, was passieren wird. Man kann keine Einkaufslisten machen, weil man in den Geschäften nichts findet. Man muss immer das kaufen und horten, was man gerade sieht, weil man nicht weiß, ob es eine Woche später noch zu kaufen ist. Das ist ein völlig anderes Leben, und der Kontrast fällt mir immer sehr stark auf, wenn ich zurückkomme und merke: Hier hat man keine Zeit.

Im Sudan haben die Menschen viel Zeit. Wenn Besuch kommt, dann wird erst mal ein Hühnchen geschlachtet und gebraten. Es gibt ein tolles Essen, und man hat alle Zeit der Welt, mit den Gästen zusammenzusitzen.

Eigentlich haben Sudanesen und Deutsche gleich viel Zeit. Jeder von uns hat 24 Stunden am Tag. Dennoch verläuft mein Leben in Afrika völlig anders als hier.

Schon im Urlaub kann man feststellen, wie Zeit plötzlich ein ganz anderer Begriff wird. Wie man sich Zeit nehmen kann. Jeder Tag hat 24 Stunden, jeder Tag, die guten Tage und die schweren Tage, es sind immer 24 Stunden. Trotzdem hat man das Gefühl, dass die Zeit einmal ganz schnell und ein anderes Mal ganz langsam voranschreitet, zum Beispiel wenn man beim Zahnarzt sitzt. Wenn man ein Fest feiert oder eine spannende Veranstaltung besucht, vergeht die Zeit dagegen wie im Flug, und wir wundern uns, wo sie geblieben ist.

Zeit ist in unserer Wahrnehmung etwas sehr Relatives. Es gibt zwar den objektiven Zeitmesser, nämlich die Uhr, aber unsere Herzen schlagen oft in einem anderen Rhythmus. Wie schnell oder langsam die Zeit vergeht, bestimmt unsere Wahrnehmung.

Wie nehmen wir aber grundsätzlich die Zeit wahr? Läuft sie vor uns her und wir holen sie nie ein? Oder nehmen wir sie in die Hand, um sie zu gestalten, um sie einzuteilen und zu nutzen?

Jeder Mensch hat 24 Stunden pro Tag. Gott hat sich am Anfang etwas dabei gedacht, dass er uns den Tag und die

Nacht gegeben hat. Mindestens ein paar Stunden am Tag sind damit schon durch unser Schlafbedürfnis bestimmt. Ich weiß, dass man in Krisenzeiten manchmal nachts wach liegt und nicht schlafen kann, oder dass manche Menschen schwer den Schlaf finden. Aber immerhin gibt es Zeiten zum Ausruhen, zum Auftanken, zum Aufarbeiten dessen, was sich im Herzen oder Kopf im Laufe des Tages angesammelt hat.

Tag und Nacht, Arbeiten und Ruhen, beides gehört zu unserem Leben dazu. Dennoch sind wir oft überfordert und finden gar keine Ruhe.

Das liegt zum einen sicher an der großen *Informationsflut* in unserer Zeit. Etwas überspitzt könnte man sagen, dass in Deutschland im Fernsehen darüber berichtet wird, wenn in China ein Sack Reis umfällt. Wir erfahren sehr viel aus aller Welt. Meist sind die Nachrichten auch eher dazu angetan, uns zu erschrecken. Oft kann man kaum verarbeiten, was man da sieht. Und dann machen wir den Fehler, nicht den Fernseher aus-, sondern lieber innerlich abzuschalten und uns nicht mehr berühren zu lassen von dem Elend, das durch das Fernsehen in unser Wohnzimmer und in unser Herz kommt.

Angebote aller Art überfluten uns, *man muss immer auswählen*. Die Tatsache, dass Sie dieses Buch lesen, bedeutet auch, dass Sie 3, 4 oder 5 andere Sachen nicht tun, um sich die Zeit fürs Lesen zu nehmen. Wir sind ständig damit beschäftigt, uns aus der Fülle der Angebote das Richtige herauszusuchen. Und auch das kann total überfordern. Ich merke es immer, wenn ich aus dem Sudan zurückkomme und in ein großes Geschäft zum Einkaufen gehe. Ich stehe vor den Regalen und weiß nicht mehr, was ich nehmen soll. Was ist das Günstigste? Oder welche ist die beste von den sieben oder acht Sorten Toilettenpapier?

Diese Reizüberflutung nehmen wir nicht mehr unbedingt ständig wahr, aber sie fordert uns unaufhörlich heraus. Beim Einkaufen fängt er an, dieser ständige Zwang zu entscheiden. Meistens macht man das mit links, aber es gibt auch Tage, da wird einem der Gang zum Supermarkt einfach zu viel. Den sperrigen Karren durch die viel zu engen Regalreihen schieben, möglicherweise ein Kind dabei beruhigen, ständig überlegen, welches Produkt man wählen soll, die Hektik an der Kasse, wo man alles schnell aufs Band legen, dann sofort wieder einpacken muss, während die anderen schon von hinten drängeln. Das kann ganz schön stressig sein.

Der Entscheidungsdruck nimmt zu mit der Möglichkeit der Auswahl. Und wir stehen natürlich alle unter einer Vielfachbelastung. In vielen Ländern ist es einfacher: Jeder übernimmt eine Aufgabe, zum Beispiel den Haushalt. Bei uns kommen andere Verpflichtungen und ehrenamtliche Mitarbeit in der Gemeinde oder anderswo hinzu. Oft fühlen wir uns deshalb zerrissen und wissen gar nicht, wie wir das alles unter einen Hut kriegen sollen. Die Vielfachbelastung zwischen Beruf und Haushalt und Freundschaften und anderen Anforderungen wird manchmal einfach zu viel. Weil wir immer das Gefühl haben, dass die Zeit dazu fehlt, wissen wir nicht mehr viel voneinander, und das macht uns traurig und einsam.

Die fehlende Zeit ist jedenfalls immer ein Thema. Das lässt sich auch an so manchem Sprichwort ablesen, das in aller Munde ist. Es lohnt sich, einige davon einmal näher in Augenschein zu nehmen.

Zeit ist Geld. Das ist wahrscheinlich der bekannteste Spruch zum Thema Zeit. Und er sagt etwas aus über unsere Gesellschaft. Zeit ist Geld. Wieso eigentlich? Das stimmt nur für uns hier. Vielleicht haben in anderen Ländern Zeit und

Geld überhaupt nichts miteinander zu tun. Zeit ist Geld, das heißt: Ich kann meine Zeit nur in Dinge investieren, die mir materiellen und finanziellen Vorteil bringen. Aber das kann doch kein Maßstab sein! Denn Liebe zahlt sich nicht in barer Münze aus, und zu lieben heißt, ganz viel Zeit zu verschenken, in einen Menschen Zeit zu investieren – und das kann man nicht mit Geld bezahlen. Keiner käme auf die Idee zu sagen: Ich habe keine Zeit zu lieben, ich muss Geld verdienen. Und dennoch passiert es uns, dass der Beruf wichtiger wird als die Menschen um uns herum. Das darf eigentlich nicht sein. Denn das Sprichwort »Zeit ist Geld« ist vielleicht eine Beschreibung des Zustandes, aber sicherlich kein Ziel, auf das wir zuleben. Das wäre schrecklich.

Kommt Zeit, kommt Rat. Stimmt das wirklich? In manchen Fällen vielleicht schon, weil sich Dinge von alleine erledigen oder weil man dann doch noch jemanden trifft, der einem eine gute Lösung vorschlägt. Aber in vielen Fällen verschiebt man Angelegenheiten mit diesem Spruch auf die Wartebank; Probleme lösen sich nicht von allein, sondern werden immer bedrohlicher und akuter. Irgendwann holen sie uns ein und wir können sie vielleicht gar nicht mehr bewältigen.

Man darf Probleme nicht auf die Wartebank schieben. Probleme muss man da lösen, wo sie entstehen. In Beziehungen heißt das: Sofort das klärende Gespräch suchen, nicht »irgendwann«. »Irgendwann« kommt vielleicht gar nicht, und das Problem hat inzwischen viel Zeit, um zu wachsen und Wurzeln zu schlagen.

Man kann die Zeit nicht zurückdrehen. Ein wahres Wort, denn was vergangen ist, ist vergangen. Wir können uns Dinge nicht zurückholen und wir können auch nicht sagen: »Früher war alles besser, und jetzt beschließen wir alle gemeinsam, dass es wieder so wird wie früher.« Das geht nicht, weil wir alle immer nur jetzt leben. Man kann immer nur heute das tun, was heute wichtig und richtig ist.

Viele Menschen leben in Erinnerung an die Vergangenheit, vielleicht weil an der Gegenwart wenig Erfreuliches ist. Die Vergangenheit bekommt dann oft einen rosaroten Anstrich. Aber wenn wir über die Vergangenheit nachdenken, merken wir, dass es schon immer schwierig war, auf dieser Welt zu leben. Immer gab es Druck von außen und Druck von innen. Auf der ganzen Welt mussten Menschen immer mit Problemen fertig werden. Das gehört zum Leben als Mensch dazu, dass es schwierig ist. Sicher nicht immer, es gibt auch schöne Zeiten, in denen man durchatmen und sich von Herzen freuen kann. Aber letztlich ist das Leben doch ein hartes Geschäft.

Die Zeit heilt Wunden, sagt man, und auch das stimmt ja eigentlich gar nicht. Ich kenne viele Menschen, die tragen noch offene Verwundungen von lange zurückliegenden Ereignissen mit sich herum. Damit Wunden heilen können, müssen sie gereinigt werden, das weiß jeder. Wenn ein Kind mit einer blutenden Wunde kommt, dann muss die erst mal sauber gemacht werden. Und so gibt es in unserem Leben Wunden aus der Vergangenheit, die noch weh tun, weil sie noch »entzündet« sind. Solche Wunden reinigt man nur durch Vergebung. Solange ich dem Menschen, der mich verletzt hat, nicht vergebe, bleibt mir eine eiternde Wunde – da hilft die Zeit gar nicht weiter. Jahre danach kann mir etwas noch genauso wehtun wie in dem Moment, in dem ich die Verwundung erfahren habe. Erst wenn ich von Herzen vergebe, ist die Wunde gereinigt und kann heilen, und mein Leben kann wieder frei werden von dieser Erfahrung in der Vergangenheit.

Die Zeiten ändern sich. Natürlich tun sie das. Aber das menschliche Herz ist immer das Gleiche. Ob in Asien oder in Afrika, wir sind letztlich alle gleich. Denn wir alle sind als Gegenüber Gottes geschaffen, jeder Mensch auf dieser Welt ist ein Gegenüber Gottes. Nach seinem Bild und zu ihm hin geschaffen. Das macht uns alle so ähnlich in den Grundbedürfnissen, auch wenn wir vom Lebensstil und vom Äußeren und von unseren Aufgaben so unterschiedlich sind. Aber ein Mensch zieht seine Würde überall auf der ganzen Welt daraus, dass er das Gegenüber Gottes ist.

Das führt zu einer wichtigen Frage: *Gehört meine Zeit überhaupt mir selbst?* Was von den 24 Stunden am Tag ist wirklich meine Zeit? Man verspricht uns ja manchmal, dass man mit einem guten Zeitmanagementsystem mehr Zeit hat. Ich habe das noch nicht fertig gebracht – 24 Stunden bleiben nun einmal 24 Stunden. Es kann ja auch nur darum gehen, meine Zeit so einzuteilen, dass meine Bedürfnisse und meine Pflichten in ein ausgewogenes Verhältnis kommen. Im Leben gibt es unterschiedliche Phasen: solche, in denen man mehr Zeit investieren muss, und Phasen, in denen man mehr Zeit für sich selber hat. Es gibt bestimmt Phasen, in denen man nicht einfach sagen kann: »Ach, ich brauche jetzt acht Stunden am Tag für mich.« Das geht dann nicht, weil ja irgendjemand das Geld verdienen muss, oder weil die Kinder nun mal jetzt gerade klein sind und nachts wach werden. Da wird man nicht groß gefragt, ob man sich Zeit dafür nehmen will oder nicht.

Viele Entscheidungen werden uns da von außen schon abgenommen. Durch Krankheiten, durch Dinge, die ins Leben einbrechen und sich jeder Planung und jedem Zeitmanagement entziehen, kann über Nacht alles ganz anders werden, als man es sich zurecht gelegt hatte.

Dann gibt es ja noch den »Faktor« Mensch, der seine Bedürfnisse und seine Nöte nicht plant, sondern der plötzlich vor mir steht und mich braucht. Da muss ich dann entscheiden, was mir wichtiger ist: Meine Ziele, meine Zeitplanung, mein gutes Management – oder der konkrete Mensch, der jetzt gerade am Telefon ist und mich wirklich für eine halbe Stunde oder für eine Stunde braucht. Nehme ich mir dann die Zeit für den Menschen oder sage ich: »Du, ich habe jetzt gerade einen vollen Terminplan. Es geht gerade nicht«?

Wer hat Anspruch auf meine Zeit? Da fängt es schon an, und ich würde jedem Menschen raten, sich eine Prioritätenliste zu schreiben. Wer darf eigentlich Zugriff haben auf meine Zeit? Wem erlaube ich das? Meinem Partner? Meinen Kindern? Meinen Eltern? Meinen Verwandten? Meinen Freunden? Wie viel Zeit darf mein Beruf einnehmen? Und vielleicht macht man dann manchen Karrieresprung nicht mit, weil man seine Prioritäten anders setzt. Wer keine Prioritäten setzt, wird mitgerissen vom Strudel der Zeit. Und hat irgendwann gar keine Freiheit mehr, sich Zeit zu nehmen. Deswegen entscheiden wir lieber selber, wie viel Zeit wir für welche Menschen und für welche Aufgaben investieren.

Manchen Frauen möchte ich Mut machen, auch einmal sich selber als einen wertvollen Menschen in ihren eigenen Zeitplan einzutragen. Verabreden Sie sich doch einmal mit sich selber. Schreiben Sie sich das auf, wenn Sie jemand sind, der mit Terminen lebt: Mittwoch, 14.00 Uhr: Ich. Ohne Bier (siehe Reklame!). Sie dürfen natürlich auch um 14.00 Uhr Bier trinken. Aber planen Sie mal Zeit für sich ein, so wie Sie sich Zeit für andere Verabredungen einplanen. Und nehmen

Sie sich dann etwas Schönes vor, etwas, das Ihnen gut tut. Wir Frauen denken oft sehr wenig darüber nach, was uns gut tut. Und dann wissen wir manchmal gar nichts mit unserer Zeit anzufangen. Dann haben wir mal eine Stunde Zeit, und es fällt uns nichts Besseres ein, als irgendwo noch eine Ecke zu putzen oder etwas wegzuräumen oder in den Garten zu gehen, um Unkraut zu jäten.

Was tut mir wirklich gut? Fällt Ihnen etwas ein? Nehmen Sie sich die Zeit dafür?

Warum gibt es eigentlich die Zeit?

Zeit und Ewigkeit sind zwei Begriffe, die unser Leben als Menschen prägen. Unser Leben beginnt zu einem ganz bestimmten Zeitpunkt, und unser Leben hat ein Ende. Und der Gedanke, dass es eine Ewigkeit gibt, beschäftigt Menschen auf der ganzen Welt, weil in jedem Menschenherzen die Sehnsucht danach da ist, dass es mit dem Leben weitergeht. Das liegt wohl daran, dass wir von Gott geschaffen sind, der ein ewiger Gott ist, ohne Anfang und ohne Ende. Gott ist nicht an die tickende Uhr gebunden, nicht wie wir an die Dimensionen von Raum und Zeit gefesselt. Wir können immer nur zu einer Zeit an einem Ort sein, wir können vielleicht noch per Telefon mit einem anderen Ort verbunden sein, aber als Menschen sind wir immer durch Raum und Zeit gebunden. Gott ist da ganz anders. Er ist ewig, Raum und Zeit können ihn nicht einengen. Und wir Menschen tragen einen Fingerabdruck Gottes in unseren Herzen: die Sehnsucht nach der Ewigkeit, nach dem nicht endenden Glück, nach dem, was niemals aufhört und was uns gut tut. Von Geburt an bis zum Tod tickt unsere Lebensuhr, aber wir Menschen haben doch Sehnsucht nach mehr.

Dieser Text aus der Bibel ist Ihnen vielleicht bekannt:

Jedes Ereignis, alles auf der Welt hat seine Zeit:
Geboren werden und Sterben,
Pflanzen und Ausreißen,
Töten und Heilen,
Niederreißen und Aufbauen,
Weinen und Lachen,
Klagen und Tanzen,
Umarmen und Loslassen,
Suchen und Finden,
Aufbewahren und Wegwerfen,
Zerreißen und Zusammennähen,
Reden und Schweigen,
Lieben und Hassen,
Krieg und Frieden.
Was also hat der Mensch davon, dass er sich abmüht?
Ich habe erkannt: Gott legt ihm diese Last auf, damit er schwer daran zu tragen hat. Für alles auf der Welt hat Gott schon vorher die rechte Zeit bestimmt. In das Herz des Menschen hat er den Wunsch gelegt, nach dem zu fragen, was ewig ist. Aber der Mensch kann Gottes Werke nie voll und ganz begreifen.
So kam ich zu dem Schluss, dass es für den Menschen nichts Besseres gibt, als sich zu freuen und das Leben zu genießen. Wenn er zu essen und zu trinken hat und sich über die Früchte seiner Arbeit freuen kann, ist das allein Gottes Geschenk.
Ich begriff, dass Gottes Werk für immer bestehen wird. Niemand kann etwas hinzufügen oder wegnehmen. Damit bewirkt Gott, dass die Menschen Ehrfurcht vor ihm haben.

Was immer sich auch ereignet oder noch ereignen wird – alles ist schon einmal da gewesen. Gott lässt von neuem geschehen, was in Vergessenheit gerät. (Prediger 3,1-15)

Das ist ein sehr alter Text, der aber auch heute geschrieben sein könnte: Alles hat seine Zeit, Lachen und Weinen, Klagen und Tanzen. In unserem eigenen Leben buchstabieren wir oft genug nach, dass beide Seiten dazugehören. Niederreißen und Aufbauen, Klage und Freude, Umarmen und Loslassen, das sind die Erfahrungen unseres Lebens durch die Jahrtausende hindurch. Das gehört zum menschlichen Leben dazu. Das beschreibt der Prediger hier in diesem Buch. Und genauso könnten wir es auch für unser Leben sagen.

Vor etwa 11 Jahren stand für mich die Zeit still. Nach einer überstürzten Rückreise aus dem Sudan, der gerade von einer Flutkatastrophe heimgesucht worden war, erfuhr ich, dass ich Krebs hatte. Mein Mann war aus beruflichen Gründen noch in Afrika geblieben.

Ich kam nach Marburg in die Uniklinik, hatte ein schönes Einzelzimmer und dachte: Jetzt bin ich in guten Händen, jetzt geht es bergauf.

Doch dann kam irgendwann die Ärztin und setzte sich auf mein Bett. Ich ahnte schon: Wenn die sich auf mein Bett setzt, dann gibt es eine schlimme Nachricht, denn normalerweise macht sie das nicht.

Sie nahm meine Hand und sagte: »Sie haben Krebs. Lymphdrüsenkrebs im letzten Stadium.«

Ich wusste nicht, wie ich meinen Mann erreichen sollte, denn alle Kommunikationswege waren durch die Flutkatastrophe abgeschnitten. Es gab keine Möglichkeit, die

Botschaft anzurufen. Roland lebte bei einer sudanesischen Familie ohne Telefon.

Ich habe einen der Ärzte gefragt, ob ich versuchen soll, meinen Mann zu erreichen, der in drei Wochen allerdings ohnehin wieder zu Hause eintreffen würde. Er sagte: »Ach, so schlimm ist Ihre Situation nicht, aber sagen Sie ihm mal Bescheid.«

Da wusste ich dann, woran ich war.

Wie sollte ich ihn nur erreichen?

Ich habe es aufgegeben, ich habe einfach gebetet und gesagt: Herr, wenn du willst, dass Roland noch rechtzeitig kommt, dann kannst du das Wunder tun. Wenn nicht, dann werde ich auch alleine klar kommen.

Ich wollte nicht, dass mein Mann erfährt, wie es um mich steht, wenn er keine Möglichkeit hat, auch zu mir zu gelangen.

Ein Bekannter von mir, der Arzt ist, hat schließlich in der amerikanischen Botschaft in der Hauptstadt Khartum angerufen und gesagt: »Wir suchen einen Deutschen mit Namen Roland Werner, seine Frau liegt im Sterben, er soll sofort kommen.«

Khartum ist zwar die Hauptstadt, aber zu jener Zeit gab es dort vielleicht drei oder vier asphaltierte Straßen, sehr viele Häuser, die alle gleich aussahen, keine Straßennamen, keine Hausnummern – da kann man keinen finden.

In der amerikanischen Botschaft hielt sich zufällig ein Deutscher auf, von dem wir bis heute nicht wissen, wer das überhaupt war. Manchmal denke ich, vielleicht war es doch ein Engel. Der Mann hat den Anruf unseres Bekannten mitbekommen, hat sich auf den Weg gemacht und ist durch die ganze Stadt gefahren, hat überall in den Hotels und in den

Gaststätten nachgefragt, ob irgendjemand einen Deutschen namens Roland Werner kennt. Aber es kannte ihn keiner.

Gegen Ende des Tages kam mein Mann auf dem Rückweg von der Universität, wo er arbeitete, an einer Kirche vorbei. Er ging hinein, weil er vor dem weiten Fußweg noch einen Schluck Wasser trinken wollte, und sich sicher war, dass in der Kirche abgekochtes Wasser zur Verfügung stehen würde. Als er mit dem Becher in der Hand in der Kirche stand, kam ein Mann – eben dieser Deutsche aus der Botschaft – herein und fragte: »Kennt hier jemand Roland Werner?«

Mein Mann sagte: »Ja, das bin ich.«

Der andere sagte: »Sie müssen heute noch nach Hause fliegen, ihre Frau ist schwer krank.«

Er half ihm, die Koffer zu packen, ein Ticket zu kaufen, lieh ihm Geld, besorgte ihm über Nacht ein Visum, und in derselben Nacht um drei Uhr ist mein Mann losgeflogen. Am nächsten Tag war er bei mir.

Und ich wusste: Wenn Gott dieses Wunder tut, dann kann ich ihm vertrauen für den Rest meines Lebens. In diesem Moment war mir ganz klar, dass Gott nicht nur ein Gott ist, an den ich in guten Stunden glaube, sondern dass er wirklich der Herr ist über die ganze Welt.

Der es schafft, vom anderen Ende der Erde innerhalb kürzester Zeit trotz all dieser widrigen Umstände meinen Mann zu mir zu bringen.

Es begann für uns eine sehr schwere Zeit. Eine Zeit, in der ich über das ganze Leben nachdachte. Im Oktober hatte man meinem Mann gesagt, dass ich noch bis Weihnachten lebe, aber wahrscheinlich nicht mehr bis Ostern. Und wir haben darüber geredet. Wir haben Abschied genommen. Wir haben überlegt, wie es weitergeht, wenn ich nicht mehr da bin.

In einer solchen Situation merkt man plötzlich, für wie viele Dinge man sich vorher Zeit genommen hat, die letztlich nicht zählen. Sehr wenig ist von bleibendem Wert – immer nur das, was man in Beziehungen, in Menschen investiert. Alles dagegen, was ich mir angeschafft habe mit teuer verdientem Geld, muss ich zurücklassen. Davon kann ich nichts mitnehmen, wenn ich sterbe.

In dieser Situation ist mir auch sehr klar geworden, dass jeder Mensch sterblich ist. Die Ärzte, die mich behandeln, die Krankenschwestern, die mich pflegen, die Besucher, die zu mir kommen – jeder wird eines Tages sterben.

Wir verdrängen das, weil es uns sehr unangenehm ist. Wir denken gern, dass wir noch eine sehr lange Zeit vor uns haben. Aber für jeden von uns wird überraschend oder vorhersehbar der Zeitpunkt kommen, an dem wir aus diesem Leben Abschied nehmen. An dem die Zeit vorbei ist und die Ewigkeit beginnt.

Ich war an dieser Schwelle ganz getröstet und dankbar, dass ich mein Leben Gott anvertrauen konnte. Dem Gott, der den Anfang meines Lebens bestimmt hat, der gesagt hat: »Ja, dich will ich haben, du sollst geboren werden, du bist ein Mensch, den ich liebe«, der hält auch das Ende meines Lebens in seiner Hand. Mir war es sehr wichtig, dass nicht der Krebs bestimmt, wann ich sterbe, sondern dass mein Leben in Gottes Hand ist. Und dass er entscheidet, wann ich sterbe.

Denn auch als Kerngesunder kann ich plötzlich einem Unfall zum Opfer fallen; aber auch als Todkranker, dem niemand mehr eine Chance gibt, kann ich überleben. Das ist mir passiert.

Ich wurde ein Jahr lang mit einer Chemotherapie behandelt, deren Nebenwirkungen schrecklich waren, die mir aber sehr gut geholfen hat: Nach einem Jahr fanden sich keine weiteren Krebszellen, und das ist bis heute so geblieben. Für mich selbst und für viele, die für mich gebetet haben, hat sich damit ein echtes Wunder ereignet.

Mein Leben ist mir neu geschenkt worden. In solchen Situationen wird einem deutlich, dass die Zeit, die man hat, geschenkte Zeit ist. Keiner von uns kann seinem Leben auch nur eine Sekunde hinzufügen.

Der Mensch muss sterben. Warum eigentlich?

Nehmen wir das Bild vom Kind im Bauch der Mutter. Das Kind lebt, aber es lebt etwas eingeschränkt in seinen Möglichkeiten. Es lebt, weil die Mutter lebt. Wenn die Mutter nicht leben würde, würde das Kind auch automatisch sterben. Aber es kann die Mutter noch gar nicht sehen, es kann noch gar nicht mit der Mutter reden, das wird alles erst später kommen. Es kann die Mutter ein bisschen treten und damit wach halten, aber es kann ja noch nicht die Beziehung mit der Mutter als Gegenüber leben – dazu muss es geboren werden.

So ist es auch mit der Zeit, die wir als Menschen auf dieser Welt verbringen. *Wir leben, weil es einen Gott gibt, der uns das Leben schenkt und ermöglicht.* Wir hängen sozusagen an der Nabelschnur; es gibt einen lebendigen Gott und deswegen können Menschen leben. Wenn es diesen Gott nicht gäbe, gäbe es auch kein Leben. Und unsere Beziehung zu Gott entscheidet darüber, ob wir, wenn wir schließlich sterben, weiterleben oder nicht. Es gibt das ewige Leben, aber das ewige Leben beginnt schon hier und jetzt. Wenn wir uns das einmal in dem Bild vom Kind im Mutterleib vorstellen: Das Kind lebt, weil es mit dem Leben der Mutter verbunden ist. Und wenn diese Lebenslinie, die Nabelschnur, durchtrennt wird, während das Kind noch im Bauch ist, dann wird das Kind geboren – aber nicht lebendig, sondern es ist tot.

Eine Freundin von mir musste vor einigen Jahren ihr erstes Kind, das kurz vor dem Geburtstermin gestorben war, tot gebären. Ich war damals mit dabei. Es war eine schreckliche Situation: Die Mühen der Geburt sind die gleichen, aber das Kind, das geboren wird, lebt schon vorher nicht mehr.

So ist es mit unserer Beziehung zu Gott. Wer sich von Gott losschneidet, wer sich nicht von Gott mit dem Leben beschenken lässt, wer meint: Ich schaffe das schon alleine – der stirbt einen geistlichen Tod. Und wenn er dann durch den leiblichen Tod hindurch geht, wird er nicht das ewige Leben finden. Wer aber mit Gott verbunden lebt, wer sagt: Ja, Gott, ich will mit dir leben; ich will dein Leben entdecken; ich will mich an dich anhängen; du sollst in meinem Leben Raum haben – der wird durch den Tod hindurchgehen in das ewige Leben.

Nehmen wir noch einmal das Bild von der Schwangerschaft. Ein Kind im Bauch hat schon vieles, was es dort noch gar nicht einsetzen kann. Zum Beispiel hat es Hände, aber in der Fruchtblase gibt es nicht viel zum Anfassen. Das Baby steckt wohl einmal den Daumen in den Mund, aber viel kann es noch nicht mit seinen Händen anfangen. Es hat Füße, und außer um ab und zu mal zu treten, kann es die gar nicht benutzen. Es hat Ohren, aber es hört ja alles nur wie von fern durch das Fruchtwasser hindurch. Es hat einen Mund, kann aber noch keine Laute von sich geben. Es hat viele Organe, die es noch gar nicht einsetzt. Kurz: Es muss geboren werden, damit sein eigentliches Leben beginnen kann. Bei der Geburt verlässt so ein Kind alles, was ihm vertraut ist und was ihm Geborgenheit und Schutz gegeben hat. Aber es muss durch die

Geburt hindurch, um ein wirkliches Leben zu beginnen. Zwar ist auch der Fötus in der Gebärmutter schon ein wirklich lebendiges Wesen, das nach der Geburt sein Leben nur fortsetzt. Aber das eigentliche menschliche Leben, für das es sich entwickelt, beginnt eben erst mit der Geburt. Und entsprechend glaube ich, dass wir das eigentliche Leben verpassen, wenn wir es auf die 50, 60, 70, 80 Jahre beschränken, die wir als Menschen auf dieser Welt leben. Ich bin überzeugt: Wir können durch den Tod hindurchgehen wie das Kind durch die Geburt hindurchgeht, und das eigentliche Leben finden.

Man fragt sich manchmal: Warum hat uns Gott in der Bibel so wenig über das ewige Leben wissen lassen? Viele machen sich Vorstellungen vom Himmel, in denen Engel auf Wolken sitzen und Harfe spielen. Ich glaube, dass das ewige Leben etwas unheimlich Spannendes und Aufregendes sein wird, und dass es so viel zu entdecken und zu tun geben wird wie für ein neu geborenes Kind.

Wenn man einem Kind im Bauch der Mutter schreiben würde: Du wirst eines Tages mal Fahrrad fahren und Ski laufen, du wirst mal an einem Computer sitzen und auch heiraten – das könnte das Kind überhaupt nicht verstehen. Es würde vielleicht nur Angst kriegen und denken: Ich will gar nicht hier heraus, da draußen erscheint mir alles so unheimlich.

Ich glaube, dass Gott uns so wenig über das ewige Leben mitteilt, weil wir so wenig davon verstehen würden, was er für uns bereit hält. Aber alles, was ich jetzt schon mit Gott erlebe, spornt meine Vorfreude auf die Ewigkeit an. Denn schon jetzt erfahre ich Gottes Handeln so oft als gut und hilfreich. Er bringt mein Leben schon hier zur Erfüllung und zur Entfaltung, und ich kann mich nur darauf freuen, das in der Ewigkeit noch viel intensiver zu entdecken.

Diese Gedanken hatte ich auch, als ich an der Schwelle zum Tod stand. In mir war eine große Vorfreude darauf, zu Gott zu gehen und ihn von Angesicht zu Angesicht zu sehen. Auch die Zeit wird dann keine Rolle mehr spielen. Das können wir uns fast nicht vorstellen, weil wir nur in Zeiträumen denken können, aber die Sehnsucht nach Ewigkeit ist in unser aller Herzen da.

Möglicherweise denken Sie jetzt: Ich habe gar keine Beziehung zu Gott, keine Nabelschnur. Oder: Ich habe diese Verbindung vernachlässigt. Ich habe mich um Gott gar nicht viel gekümmert. Oder: Ich kenne Gott gar nicht so persönlich, wie das hier geschildert wird. Dann möchte ich Ihnen Mut machen anzuknüpfen bei Gott, ihm zu danken für das Leben, das er Ihnen schenkt. Für jede Sekunde Ihres Lebens. Es ist geschenkte Zeit, die wir alle leben. Unsere Zeit ist uns als ein kostbares Gut anvertraut, in ihren Grenzen leben und wachsen wir, aber ihre Grenzen sind nicht das letzte Maß. Wir werden durch den Tod hindurchgehen in die Ewigkeit. Und ich wünsche jedem Menschen, dass er mit dem ewigen Leben von Gott beschenkt weiterleben kann nach dem Tod.

Jetzt leben wir hier und heute. Und es hat wenig Sinn, in der Vergangenheit zu leben, und es hat wenig Sinn, in den Träumen der Zukunft zu leben, denn uns gehört immer nur das Jetzt. Wir können nur jetzt unser Leben gestalten. Wir können viel träumen über die Zukunft, aber ich habe in meinem Leben – in der Zeit der Krebskrankheit und immer wieder – erfahren, dass die Zukunft mir überhaupt nicht gehört.

Als ich seinerzeit die Diagnose bekam, waren alle meine Pläne geplatzt. Ich wollte ganz viele Kinder haben. Das geht nicht nach einer Chemotherapie, jedenfalls nicht nach der, mit der ich behandelt werden musste. Ich wollte im Beruf Karriere machen. Aber welcher Arbeitgeber stellt jemanden ein, der krebskrank war? Da wird man zum Risikofaktor. Auch eine private Rentenversicherung abzuschließen, wird mit einer solchen Krankheitsgeschichte zum Abenteuer. Man fällt plötzlich aus vielen Systemen raus. Man kann das Leben nicht mehr selber so planen, wie man gerne möchte. Viele Wünsche und Träume platzen an der Grenze des Todes wie Seifenblasen. Und keiner weiß, wann für ihn dieser Grenzmoment kommt.

Doch *Gott will, dass wir ewig leben, in der Verbindung mit ihm.* Und diese Verbindung besteht aus Kommunikation. Sprechen Sie mit Gott über das, was Sie auf dem Herzen haben. Freuen Sie sich an ihm und an allem, was er in Ihr Leben hineinlegt. Mir ist das Leben neu geschenkt worden, und meine Zeit ist kostbare Zeit. Ich weiß jetzt, was ich habe und was ich verlieren werde, wenn ich aus diesem Leben scheide. Aber ich weiß auch, was auf mich wartet, wenn ich sterbe: Meine Beziehung zu Gott wird sich vertiefen. Und das wird eine Vollendung meines Lebens sein, ich muss keine Angst vor dem Tod haben. Ich habe vielleicht Angst vor dem Sterben, vor dem Weg dahin, vor der Krankheit, vor allen Schmerzen und Problemen, die noch kommen. Aber vor dem, was nach dem Tod kommt, habe ich keine Angst mehr. Ich weiß, dass ich in liebenden Armen aufgenommen werde, dass Gott auf mich wartet. So wie eine Mutter auf ihr Kind wartet. Und wie nach einer Geburt, nach aller Enge und Angst, die sie auf beiden Seiten ja auslöst, werde ich auch nach der Angst des Todeskampfes wissen: Ich bin sicher angekommen, wo ich hingehöre. Gott empfängt mich mit all seiner Liebe. Darauf freue ich mich, deswegen danke ich Gott für meine Zeit jetzt hier. Und ich weiß, sie ist in seinen Händen. Ich kann nichts hinzutun und ich kann auch nichts wegnehmen von meinem Leben.

Ich möchte Ihnen noch einen Vers aus Psalm 139 weitergeben. Da sagt der Beter: »Du hast mich geschaffen – meinen Körper und meine Seele, im Leib meiner Mutter hast du, Gott, mich gebildet. Herr, ich danke dir dafür, dass du mich so wunderbar und einzigartig gemacht hast! Großartig ist alles, was du geschaffen hast – das erkenne ich! Schon als ich im Verborgenen Gestalt annahm, unsichtbar noch, kunstvoll gebildet im Leib meiner Mutter, da war ich dir dennoch nicht verborgen. Als ich gerade erst entstand, hast du mich schon gesehen. Alle Tage meines Lebens hast du in dein Buch geschrieben – noch bevor einer von ihnen begann!«

»Alle Tage meines Lebens hast du in dein Buch geschrieben, noch bevor einer von ihnen begann.« Das bedeutet, die Zeit, die ich lebe, ist geschenkte Zeit. Sie ist mir anvertraut und ich darf Prioritäten setzen für mein Leben. Ich darf sie einteilen, ich darf sie genießen, ich darf sie verschenken. Es ist zur Verfügung gestellte Zeit. Es ist Zeit, die nicht mein Eigentum ist, sondern mein Kapital, mit dem ich wirtschaften kann. Das ich einsetzen kann, damit es Frucht bringt, damit etwas wächst in meinem Leben. Und es ist behütete Zeit. Gott führt mich durch mein Leben und sorgt dafür, dass ich nicht zu kurz komme. Trotz aller Schwierigkeiten und Probleme weiß ich, dass mein Leben von Gott geführt ist. Dass ich ihm vertrauen kann, dass er weiß, was gut für mich ist. Er weiß auch, was mir hilft, der Mensch zu werden, den er eigentlich geschaffen hat. Ich lebe, weil Gott will, dass ich lebe. Und ich lebe in der Beziehung zu Gott, und dieses Leben wird nicht aufhören.

Lassen Sie sich ermutigen, die Beziehung zu Gott, Ihre Nabelschnur, aufrechtzuerhalten, damit Ihr Leben gelingt. Und damit Ihre Zeit erfüllte Zeit ist. Und auch damit der Tod nicht Ihr Leben beendet, sondern Sie hineingehen können in die liebenden Arme Gottes, der sich auf Sie freut. Der jeden Tag, jede Sekunde, jeden Augenblick Ihres Lebens mit Liebe begleitet.

Meine Zeit, wem gehört sie? Sie gehört dem, der sie mir schenkt. *Sie gehört Gott.*

Als Frau leben zwischen Abhängigkeit und Selbständigkeit

Als Mensch lebe ich mein Leben zwischen Selbständigkeit und Abhängigkeit. Zwischen diesen beiden Polen bleibt mir hoffentlich noch die Möglichkeit, das Leben auch zu gestalten. Denn ich will nicht nur »gelebt werden«, sondern selber aktiv bestimmen, wie ich eigentlich leben will. Welchen Lebenstraum ich mir verwirklichen will.

Die Realität holt uns immer wieder ein. Wenn wir unser Leben an einer Stelle verändern wollen, merken wir schnell, wie schwierig das sein kann. Denn sehr viele Abhängigkeiten bestimmen unseren Alltag. Wo bleibt mir da der Freiraum, so zu leben, wie ich es will?

Da sind Termine, die ich einhalten muss, die mir vorgegeben werden. Nicht nur meine eigenen Termine, sondern auch die der Familie, die des Arbeitgebers. So entsteht ein Druck von außen, und es gibt Phasen im Leben, während derer man fast gar nichts selbst bestimmen kann. Etwa wenn ein Umzug ansteht oder eine Krankheit unseren Alltag völlig verändert. Das sind Dinge, die wir nicht beeinflussen können und an denen wir unser Leben ganz neu ausrichten müssen.

Ein bekanntes Bild für die Freiheit ist das des Segelboots. Sich vom Wind treiben lassen, aufs offene Meer schauen, unterwegs sein, vielleicht auch mal ohne Ziel. So stellt man sich das vor. Aber ein Segelboot ist abhängig vom Wind. Ohne

Wind kann man nicht segeln. Absolute Freiheit, gibt es die überhaupt? Absolute Unabhängigkeit, kann es die überhaupt geben?

Bei kleinen Kindern ist es manchmal zu beobachten: Wenn sie etwas Neues gelernt haben, denken sie, sie könnten jetzt alles alleine. Manchmal geht in solchen Situationen einiges schief. Viele von Ihnen haben bestimmt schon mehrere Katastrophen verhindert, indem sie kleinen Kindern im letzten Moment die Streichhölzer weggenommen oder ein elektrisches Gerät ausgeschaltet haben. Zwar denkt ein Kind, wenn es etwas verstanden hat, dass es die Sache schon im Griff hat – aber die Wirklichkeit sieht doch ganz anders aus.

In unserem Leben als Erwachsene ist das oft gar nicht so viel anders. Wir können nicht alles im Leben alleine bewältigen, auch wenn wir manchmal meinen: Ich bin mein eigener Herr, ich schaffe das schon irgendwie. Es kommen Situationen und Phasen im Leben, da kann man es nicht alleine schaffen.

Ich möchte einige Abhängigkeiten nennen, die unser Leben von Anfang an prägen.

Erstens: *Unser Leben beginnt in kompletter Abhängigkeit.* Die Monate, die wir im Bauch unserer Mütter verbracht haben, waren sehr abhängige Monate. In der ersten Kleinkindphase können wir ohne unsere Eltern nicht überleben. Wir entdecken zwar die Welt mehr und mehr für uns, lernen unsere Muttersprache, erkennen, wer wir sind, was wir können, was wir wollen. Aber in diesen entscheidenden Jahren drücken uns andere Menschen ihre Prägung auf. Kein Mensch ist ein unbeschriebenes Blatt, sondern jeder ist zunächst einmal abhängig von seinen Eltern, von seinen Geschwistern. Was diese Menschen in das Leben hineinsprechen, hineinlegen, hineinerziehen, schafft dann später einmal eine Grundlage für Selbständigkeit oder auch für verstärkte Abhängigkeit. Auch die Lebensbedingungen unserer Familie prägen uns: Meine Mutter zum Beispiel war eine sehr intelligente Frau, aber die Familie konnte ihr keine höhere Schulbildung finanzieren.

Wir sind abhängig von dem Körper, in dem wir leben oder mit dem wir leben. Unser Körper reagiert auf Dinge, die wir erleben, mit Appetitlosigkeit, Schlaflosigkeit, mit Schmerzen. Unser Körper reagiert aber auch für sich genommen auf Krankheiten, auf Erreger, die wir gar nicht beeinflussen können. Wir sind abhängig davon, dass unser Körper gesund ist, und wenn er nicht gesund ist, wird unser ganzes Leben in Mitleidenschaft gezogen. Erinnern Sie sich an Ihren letzten Besuch beim Zahnarzt. Wenn man Zahnschmerzen hat, kann man sie nicht ausschalten und sich sagen: Das ist ja nur der Zahn. Sondern solch ein kleiner Teil des Körpers zieht das ganze Leben in Mitleidenschaft.

Ich persönlich habe das sehr intensiv erfahren, als ich 1988 Krebs hatte und wie über Nacht feststellen musste, dass mein Körper Dinge mit mir macht, die ich gar nicht will und die ich auch gar nicht beeinflussen kann. Irgendwelche Krebszellen bestimmen plötzlich, wie lange man noch zu leben hat. Das ist schon ein hohes Maß von Abhängigkeit. Eine Krebserkrankung zeigt uns aber nur sehr deutlich, was für alle Menschen gilt: dass wir abhängig sind von unserem Körper. Und dass es irgendwann mit diesem Leben zu Ende geht – keiner weiß wann und keiner weiß wie. Ich bin wieder gesund geworden, habe ein Jahr lang Chemotherapie bekommen, und mein Körper funktioniert wieder normal. Aber in der Situation damals habe ich festgestellt, dass ich mit all meiner

Selbständigkeit, mit all meinen Träumen, meinen Plänen, meinen Ideen, völlig abhängig davon bin, dass dieser Körper lebt. Dass ich weiterleben kann.

Wir sind als Menschen abhängig von den Gaben und Talenten, die in unser Leben hineingelegt wurden. Ich kann davon träumen, bei der Olympiade mitzumachen, aber wenn ich keinen athletischen Körper habe oder ihn nicht trainiere, dann kann ich lange träumen. Ich kann davon träumen, musikalisch zu sein, aber wenn ich es nicht bin, dann bin ich es nicht. Ich selbst kann mir Zahlen einfach nicht merken. Gern würde ich mir merken können, welches wichtige geschichtliche Ereignis wann stattgefunden hat, aber ich bin schon froh, wenn ich meine Telefonnummer und die Geheimzahl für meine VISA-Karte noch weiß.

Gaben und Talente in unserem Leben machen uns abhängig, schränken uns ein, beschränken unser Leben auf bestimmte Bereiche und Gebiete.

Natürlich sind wir abhängig von der Gesellschaft, in der wir leben. Wenn wir alle in Saudi-Arabien geboren wären, hätten wir als Frauen automatisch sehr viel weniger Freiheiten. Wir können dankbar sein, dass wir in unserem Land so viele gesellschaftlich garantierte Freiheiten haben. Wir dürfen selbständig und aktiv sein. Wir dürfen uns engagieren. Auch wenn das selbstverständliche Menschenrechte sind, werden sie doch nicht in jeder Gesellschaft auch den Frauen zugestanden. Die Chancen sind leider sehr ungleich verteilt in unserer Welt. Es gibt viele Länder, in denen Frauen nicht die gleichen Rechte haben.

Wir sind auch abhängig vom Geist der Zeit, in der wir leben. Es bestimmt, was gerade *in* ist. Welches Frauenbild ist gerade angesagt, wie muss man sein, um diesem Ideal zu entsprechen? Und sah das nicht vor zwanzig oder dreißig Jahren noch völlig anders aus? Ob wir das wollen oder nicht: Wir bemühen uns, dem momentanen Idealbild möglichst genau zu entsprechen.

So sind wir abhängig von äußeren Gegebenheiten. Sie können sicher noch einiges hinzusetzen, was Ihnen auf Anhieb aus Ihrem Leben dazu einfällt.

Abhängigkeit zeigt sich in unserem Leben jeden Tag. Besonders deutlich ist unsere *Gebundenheit an die Zeit.* Wir alle haben nur 24 Stunden am Tag. Manchmal wünscht man sich ein paar mehr und in schwierigen Zeiten wünscht man sich, die Tage wären kürzer und würden schneller vorbeigehen. Zeit ist ja auch etwas Relatives, das wissen wir alle. Eine Stunde kann sich unendlich dehnen, wenn man um das Leben eines Menschen bangt. Aber sie ist schnell um, wenn man ein fröhliches Fest erlebt. Die gleiche Zeitspanne kann sich in unserem Leben gänzlich verschieden auswirken. Die Uhr unseres Lebens tickt. Jeden Tag, Tag und Nacht, Sommer und Winter, Frühling und Herbst – alles wechselt sich ab im Leben, und wir leben ein Jahr nach dem anderen. Und dann ist schon wieder ein Geburtstag und schon wieder einer. Und dann kommt der runde und es geht wieder weiter. Und plötzlich ist wieder ein runder Geburtstag da. Und die Lebensuhr tickt.

Wie an die Zeit, sind wir auch an den Raum gebunden. Wir können nicht zur gleichen Zeit an verschiedenen Orten sein, auch wenn wir uns das manchmal wünschen. Wir würden vielleicht gerne zwei, drei Dinge gleichzeitig erleben. – Mehrere Dinge gleichzeitig zu tun, ist für die meisten Frauen kein Problem. Männer finden das in der Regel etwas schwieriger. Wir können kochen, uns dabei unterhalten und gleichzeitig noch aufschreiben, was wir demnächst einkaufen müssen. Nebenher läuft das Radio, und wir hören gelegentlich auch hin. Frauen können das. – Dennoch sind wir an Raum und Zeit gebunden. Wir sind eingeschränkt.

Wir sind auch abhängig – und das ist eigentlich ein sehr positiver Punkt – *von der Zuneigung und der Bestätigung durch andere Menschen*. Wir brauchen andere Menschen, die für uns da sind.

Mir fällt dazu immer Michael Schumacher ein. Er ist ein hervorragender Autofahrer und hat natürlich auch die besten Wagen, aber er wäre längst nicht so leistungsfähig, wenn er nicht sein Boxenteam hätte. Immer wieder muss er während eines Rennens in die Box fahren. Vielleicht haben Sie einmal im Fernsehen gesehen, wie dann viele Männer auf das Auto zuspringen und sich daran zu schaffen machen. Von außen weiß man gar nicht, was da alles passiert. Jeder Einzelne erledigt seine Aufgabe mit Perfektion und Schnelligkeit, und es werden kostbare Sekunden gewonnen, ja vielleicht sogar Bruchteile von Sekunden, dann kann Schumacher wieder losfahren.

Er könnte seine Rennen gar nicht gewinnen, wenn das Boxenteam zum Kaffeetrinken gehen würde, statt auf ihn zu warten, oder wenn es bummeln würde oder nicht jeder wüsste, was er da tut. Man feiert immer Schumi, aber eigentlich müsste man auch sein Team feiern, denn auch diese Leute schinden tausendstel oder hundertstel Sekunden raus.

Wir Menschen sind abhängig. Wie Schumacher von seinem Boxenteam, so sind auch wir abhängig davon, dass es Menschen gibt, die uns zur richtigen Zeit den richtigen Dienst erweisen. Wir brauchen Menschen, die uns wieder auf die Beine bringen, uns einen guten Rat geben, uns Gutes tun, uns ermutigen, uns korrigieren, uns ermahnen, für uns da sind. Wir brauchen solche Teams. Ohne ein solches Menschenteam um uns herum würden wir einsam verkümmern. Und es nicht schaffen, unser Lebensziel zu erreichen.

In viele Abhängigkeiten begeben wir uns bewusst hinein. Die Liebe ist so eine Abhängigkeit. Da binde ich mich freiwillig an einen anderen Menschen. Ich sehne mich nach ihm, ich will mit ihm zusammensein, ich freue mich auf ihn – ich mache mich abhängig. Nicht nur zwischen Mann und Frau ist das so. Auch unter Freunden oder als Eltern macht man sich freiwillig abhängig von einem anderen Menschen, weil man ihn liebt, weil man für ihn da sein will, weil man ihm Gutes tun will. Und man ist nicht mehr so frei, wie man es vorher vielleicht war. Aber man ist freiwillig unfrei. Abhängig und dennoch frei.

Wir alle sind abhängig von unserem Beruf. Als ich 1982 nach dem Referendariat arbeitslos wurde, habe ich gemerkt, wie viel mir das eigentlich bedeutet hätte, berufstätig zu sein, wie viel Anerkennung das bringt, wie viel Akzeptanz das bringen kann, wenn man berufstätig ist, von finanziellen Vorteilen einmal ganz abgesehen. Das Gefühl, gebraucht zu werden, mitbestimmen zu können, dabei zu sein, ist wichtig.

Es gibt gute und schlechte Abhängigkeiten. Wir sind ja alle so aufgeklärt und weltoffen. Uns macht ja keiner mehr was vor. Aber was im Horoskop steht, glauben wir vielleicht trotzdem. Wir machen uns abhängig von dem, was da aufgeschrieben ist, und richten unser Leben vielleicht danach aus.

Wir machen uns abhängig vom Urteil anderer Menschen. Was würden die jetzt sagen? Vor 20 Jahren dachte man noch mehr als heute bei allem, was man anfing, an das Urteil der Nachbarn. Und wenn wir ganz ehrlich sind, ist das heute eigentlich immer noch so. Wir brauchen die Anerkennung von Menschen, und wir achten ganz genau darauf, was andere über uns denken und was andere über uns sagen. Wir machen uns manchmal abhängig von ihrem Urteil und lassen uns einschränken in dem, was wir eigentlich gerne tun oder sagen oder anziehen, weil wir das Urteil der anderen fürchten.

Bleiben wir einen Moment bei den schlechten Abhängigkeiten. *Es kann passieren, dass die Suche nach Glück uns in eine Sucht führt.* Da fallen einem Alkohol- oder Drogensucht ein, aber es gibt auch Suchtverhalten, das noch länger verborgen bleiben kann: Kaufsucht zum Beispiel. Die beginnt damit, dass man sich in einer Krise etwas Gutes tun will. Wir Frauen gehen dann gerne einkaufen. Ganz gemütlich durch die Stadt bummeln, mit einer Tasse Kaffee zwischendurch, am besten noch mit einer Freundin, das entspannt ungeheuer. Aber es gibt Frauen, bei denen diese schöne Gewohnheit in eine Sucht ausartet. Auf einmal müssen sie immer mehr und immer öfter einkaufen, und es bringt keine Erfüllung mehr, und trotzdem tun sie es immer wieder.

Es gibt viele Dinge, von denen wir im negativen Sinne abhängig sein können. *Abhängigkeit entsteht da, wo ich nicht mehr die Freiheit habe, zu einer bestimmten Verhaltensweise nein zu sagen.* Denken Sie einmal darüber nach: Was gibt es in Ihrem Leben, das Sie immer wieder tun, obwohl Sie es gar nicht wollen?

Eine Verhaltensweise, von der mir viele Frauen abhängig zu sein scheinen, ist das Selbstmitleid. Wer sich selbst ständig bemitleidet, hat nicht mehr viel Kraft, selbständig zu handeln. Wir tun uns ja so leid, wir haben es ja so schwer. Was wir auch Schönes erleben, was wir auch an Schwierigkeiten durchmachen, wir sind immer das Opfer. Ständig geht es uns ganz schlecht, in jeder Situation finden wir noch das Haar in der Suppe. Diese Haltung bestimmt unser ganzes Denken. Alles Schöne im Leben können wir dann nicht mehr wahrnehmen, weil wir alles durch diese dunkle Brille sehen.

Natürlich gibt es Dinge, über die man auch mal ordentlich jammern muss, das sehe ich auch so. Klagen sind auch manchmal berechtigt, aber wenn wir uns über jede Kleinigkeit aufregen, nimmt uns das die Kraft, Dinge zu verändern, selbständig zu handeln, neue Maßstäbe zu setzen, einen neuen Anfang zu wagen.

Was ist selbständiges Leben?

Vielleicht als Einstieg eine Geschichte von einem sehr unabhängigen kleinen Mädchen: Es regnet und stürmt. Ein kleines Mädchen ist draußen in sein Spiel vertieft. Die Mutter steht drinnen am Fenster und schimpft. Immer wieder klopft sie an die Scheibe und ruft: »Komm rein, du wirst ja krank! Komm aus dem Regen raus!« Die Kleine lässt sich gar nicht davon beeindrucken. Sie läuft ein paar Meter in die Richtung des Hauses, bleibt dann stehen, schaut zum Himmel, lächelt, geht wieder zwei, drei Schritte. Die Mutter wird immer wütender und ruft: »Komm jetzt endlich!« Die Kleine schaut wieder zum Himmel und kommt endlich herein. Die Mutter schimpft: »Ich habe dich so oft gerufen, warum bist du nicht reingekommen? Jetzt bist du ganz nass, du wirst bestimmt krank werden.« Die Kleine sagt: »Ich wollte ja reinkommen, aber der liebe Gott wollte ständig noch ein Foto von mir machen.«

Ein selbständiges kleines Mädchen. Jedes Mal, wenn es blitzte, dachte sie: Da oben sitzt Gott, der jetzt noch schnell einen Schnappschuss von mir macht. Deswegen hatte sie immer zum Himmel gelächelt. Vielleicht hilft Ihnen das über die nächsten Regengüsse hinweg: Wenn es so richtig heftig gewittert, bitte lächeln Sie, es könnte sein, dass gerade eine Aufnahme von Ihnen gemacht wird.

Dieses kleine Mädchen hat etwas verstanden, was wir oft vergessen. Wenn es wirklich einen Gott gibt, dann ist er interessiert an uns, und zwar nicht an Tausenden anderen, sondern an mir. Und dann möchte er von mir »ein Foto haben«.

Es gibt einen Gott, der uns liebt und der gute Gedanken für unser Leben hat. Der uns das Leben überhaupt erst geschenkt hat, und der manchmal ganz nah ist, als würde er gerade ein Foto von uns machen. Wir sehen nur das »Gewitter« und den Blitz und den Donner, aber dahinter ist ein liebender Gott, den wir gar nicht wahrnehmen. Auch hinter den Schwierigkeiten unseres Lebens steckt noch ein liebender Gott, der uns sieht und der für uns da ist.

Von einem bestimmten Alter ab wird man als erwachsen angesehen. Nicht immer aber sind junge Erwachsene auch schon wirklich selbständig. Die Mutter wäscht noch die Wäsche, oder kauft sie gar ein, sie erinnert an die Termine, vereinbart einen Arztbesuch oder zahlt die Autoversicherung. Hotel Mama sorgt für alles. Selbständigkeit erwirbt man nicht automatisch in einem bestimmten Alter. Es gibt Menschen, die sind erst sechzehn oder vierzehn oder sogar erst zwölf und sind schon sehr selbständig.

Was macht denn Selbständigkeit aus?
Selbständig bin ich dann, wenn ich für mein eigenes

Leben Verantwortung übernehme. Wenn ich das, was ich tue und auch das, was ich nicht tue, verantworten kann. Wenn ich mir überlege, was ich will und was ich nicht will, und dementsprechend handele. Selbständigkeit bedeutet: für sich selber einstehen. Verantwortung übernehmen für das eigene Handeln. Mit den Grenzen und den Chancen, die ich habe, verantwortlich und rücksichtsvoll umgehen. Positive wie negative Konsequenzen meines Tuns tragen.

Selbständigkeit heißt nicht automatisch Autonomie – dass ich jetzt nur noch für mich sorge und mich um meine eigenen Bedürfnisse kümmere. Junge Erwachsene müssen oft lernen, dass sie zwar jetzt selbständig und eigenständig sind, dass diese Tatsache aber die Sorge um das Wohl anderer Familienmitglieder oder Freunde nicht ausschließt.

Selbständigkeit hat mit Aktivität zu tun. Ich setze mir Ziele, und diese Ziele will ich erreichen. Ich überlege mir Schritte auf dem Weg zu meinen Zielen hin. Ich habe einen Standpunkt, von dem aus ich überlege, was ich erreichen will, und konkrete Schritte plane. Für die Ergebnisse meines Handelns trage ich dann die Verantwortung. Ich warte nicht mehr passiv darauf, dass andere mein Leben organisieren und für mich sorgen, sondern ich sorge selber für mich und andere. Das kann schon sehr früh beginnen, bei manchen aber auch sehr spät. Zu lernen haben wir auf diesem Gebiet wohl alle noch. Immer wieder verlegen wir uns auf passives Warten, statt aktiv zu handeln. Immer wieder schieben wir gern die Verantwortung auf andere ab. Im Zweifelsfall sind immer die anderen schuld.

Bei manchen Menschen hat man das Gefühl, sie haben nur geheiratet, damit sie jemanden haben, dem sie die Schuld zuschieben können. Dann kann man ordentlich über den Partner schimpfen, der falsche Entscheidungen getroffen hat, statt die Verantwortung für das eigene Handeln zu übernehmen. Auch in einer Ehe sollten eigentlich zwei eigenständige Menschen zu einer Übereinkunft gelangen, wie sie ihr Leben gestalten wollen.

Ziele setzen und sie erreichen, darum geht's in der Selbständigkeit. Wenn ich »gelebt werde«, dann habe ich gar keine eigenen Ziele mehr. Wenn mein Alltag mich bestimmt, wenn ich nur die Bedürfnisse anderer Menschen erfülle, der Kinder, des Mannes, der Nachbarn, der Großfamilie, und keine eigenen Ziele mehr für mich selber habe, dann verliere ich ein Stück Selbständigkeit. Dann bin ich nur noch jemand, der Wünsche erfüllt, der vielleicht für andere lebt. Wenn mich die anderen nicht mehr so dringend brauchen, weiß ich gar nicht mehr, wer ich bin. Viele Frauen erleben das, wenn die Kinder aus dem Haus gehen. Jahrelang haben sie nur für ihre Kinder gelebt. Plötzlich brauchen die Kinder die Mutter nicht mehr, und die hat keine eigene Perspektive mehr.

Dabei ist es wichtig, sich das immer wieder zu fragen, auch wenn die Kinder einen vielleicht noch ganz in Anspruch nehmen: Was will ich eigentlich für mein Leben? Was will ich noch erreichen? Was ist mir wichtig? Welche Ziele will ich erreichen? Wer sich nur abhängig macht vom Glück anderer, wird unselbständig.

Wer selbständig ist, lebt, ohne andere über Gebühr zu belasten. Er lebt kein Schmarotzerleben, sondern sorgt für sich selber. Natürlich kann man dabei auch die Hilfe anderer Menschen in Anspruch nehmen. Aber, um ein Beispiel zu nennen, selbst manche Menschen, die aufgrund einer Krankheit sehr stark auf die Hilfe anderer angewiesen sind, leben dennoch selbständig, weil sie sich emotional nicht abhängig machen von denen, die ihnen helfen. Sie führen ein eigenständiges Innenleben und ruhen in sich selbst. Solche Menschen sind sehr attraktive Menschen, zu denen man sich hingezogen fühlt.

Andere dagegen hängen sich an ihre Mitmenschen wie eine Klette. Man möchte sie nur noch loswerden. Sie sind so von dem Wunsch beseelt, einem zu gefallen oder sich unentbehrlich zu machen, dass sie als Person verschwinden und nicht mehr attraktive Freundinnen oder Gesprächspartnerinnen sind.

Selbständigkeit heißt: Ich kümmere mich um mich selbst und um andere. Beides gehört zusammen. Ich habe Kapazitäten frei für andere Menschen oder auch für andere Ziele. Ich setze mich ein für die Bedürfnisse anderer. Ich kümmere mich darum, dass die Not in dieser Welt gelindert wird. Aber ich verliere mich nicht selbst darin. Ich weiß, wer ich bin. Ich weiß, was ich wert bin.

Man kann das gut mit einem Zirkel vergleichen. Zwar habe ich zuletzt in der Schulzeit einen Zirkel in der Hand gehalten, vielleicht liegt das bei Ihnen ebenso lang zurück. Aber vorstellen kann ich ihn mir noch ganz gut. Ein Zirkel braucht immer einen festen Standpunkt in der Mitte. Wenn die Spitze im Blatt steckt, kann der Zirkel einen sehr weiten Radius ziehen. Wenn er aber in der Mitte hin und her wackelt, kann man mit dem Zirkel nur ganz krumme Linien ziehen. Wenn man die Mitte verschiebt, ergibt sich kein guter Kreis.

Unser Leben kann einen weiten Radius haben, wenn wir in der Mitte fest stehen. Wenn wir einen Lebensmittelpunkt haben, der nicht ins Wanken gerät. Wenn wir einen Wert besitzen, der nicht abhängig ist von dem Wert, den andere Menschen uns zusprechen – oder absprechen.

Für mich ist dieser Lebensmittelpunkt meine Beziehung zu Gott. Und Gott ist nicht nur einer, der im Himmel sitzt und ab und zu mal ein Foto von mir will. Auch wenn diese kindliche Vorstellung sicher einen Funken Wahrheit in sich trägt: Ich glaube an einen Gott, der überall ist, nicht nur im Himmel. Er ist auch hier, mit meinem Leben unterwegs, und er ist lebendig. Er kennt mich und er liebt mich. Er möchte eine Beziehung zu mir haben. Diese Beziehung zu Gott und zu Jesus Christus, seinem Sohn, ist die Lebensmitte für mich. Weil ich in diesem Punkt Annahme erfahre, so wie ich bin, Bestätigung, Geborgenheit, eine feste Mitte gefunden habe für mein Leben, trotz aller Stürme, die über das Leben hinwegfegen – deshalb kann ich den Zirkel meines Lebens ganz weit spannen. Ich kann selbständig sein, weil ich einen Standpunkt bezogen habe, weil ich einen festen Grund gefunden habe, auf dem ich mein Leben aufbauen kann – in der Beziehung zu Gott.

Wenn ich von anderen Menschen abhängig bin, werde ich irgendwann alleine dastehen. Alle menschlichen Beziehungen sind zeitlich begrenzt. Irgendwann werden wir voneinander losgerissen, spätestens durch den Tod. Dann brauchen wir eine Selbständigkeit und einen inneren Wert, der weit über unsere zeitlichen und räumlichen Begrenzungen hinausgeht. Ein festes Fundament im Leben. Und dieses feste Fundament bietet die Beziehung zu Gott.

Ich wünsche jeder Frau, dass sie eine Beziehung zu Gott findet und unabhängig wird. Selbständig wird. Ihren Wert entdeckt. Ihre Lebensmitte findet.

Ich habe vor einiger Zeit in einer Zeitschrift eine Anekdote gelesen:

Zwei Männer sitzen in einem Zug. Der Zug hält an einem Bahnhof an.

Einer der Reisenden wird ganz unruhig, schaut aus dem Fenster, benimmt sich merkwürdig.

Komisch, denkt der andere Reisende, was hat der bloß?

Der Zug fährt weiter und kommt an die nächste Station.

Wieder schaut der eine Reisende aus dem Fenster, er windet sich, er jammert, er stöhnt.

Merkwürdig, denkt der andere, was hat der bloß?

Es kommt die dritte Station des Zuges.

Und dieses Mal hat der Mann Schmerzen, er jammert und quält sich. Er schaut aus dem Fenster und ist völlig verzweifelt.

Da sagt der Mitreisende: »Entschuldigen Sie bitte, aber was haben Sie eigentlich? Jedes Mal, wenn der Zug anhält, verhalten Sie sich so merkwürdig.«

»Ja«, sagt der Mann, »immer, wenn der Zug anhält, merke ich, dass er in die falsche Richtung fährt.«

»Das ist doch kein Problem«, sagt der Mitreisende, »steigen Sie doch einfach an der nächsten Station aus und nehmen Sie den Zug in die andere Richtung.«

»Nein«, sagt der Mann, »das ist ja mein Problem. Erstens hab ich meine Fahrkarte schon gekauft. Zweitens hab ich hier einen Sitzplatz. Und drittens weiß ich gar nicht, ob es einen Zug gibt, der in die andere Richtung fährt.«

Manche von uns merken an den Haltestellen unseres Lebens, wenn sie mal zur Ruhe kommen und über ihr Leben nachdenken, dass sie in die falsche Richtung fahren. An diesen Haltestellen des Lebens gibt es Menschen, die uns einladen und sagen: Du kannst umsteigen.

Es gibt einen anderen Zug, eine Beziehung zu Gott. Und wenn du in diesen Zug einsteigst, ist deine Fahrkarte schon bezahlt. Gott kommt dir mit seiner Liebe und Vergebung entgegen. Und er macht dir keine Vorhaltungen. Du bist willkommen. Und es gibt sogar einen reservierten Platz für dich, denn Gott kennt deinen Namen. Er weiß, wie du heißt. Er wartet auf dich. Du musst nur aussteigen und umsteigen in den anderen Zug.

Dazu möchte ich Ihnen Mut machen.

Selbständig sein heißt: auf eigenen Füßen stehen. Aber das ist nur sinnvoll, wenn unter diesen eigenen Füßen ein festes Fundament ist. Wenn ich auf Fließsand stehe, wenn ich im Moor stehe, nützt mir auch die Selbständigkeit nichts. Ich brauche einen festen Untergrund.

Der Essener Jugendpfarrer Wilhelm Busch hat einmal gesagt: Wer vor Gott kniet, kann vor Menschen stehen.

Ich wünsche uns, dass wir auf diese Weise selbständig werden. In der Abhängigkeit von Gott, in der Hingabe an Menschen. Und dass wir uns dabei bewusst sind: Mein Leben ist kostbar. Mein Leben zählt. Gott will mir durch seine Liebe so viel Mut und Selbstwertgefühl und Kraft geben, dass ich selbständig leben kann.

Meine Umwelt prägen

Als meine Freundin ihr viertes Kind bekam, bat sie mich, in ihrer Familie den »Nachtdienst« zu übernehmen für den Fall, dass sie nachts zur Entbindung in die Klinik würde fahren müssen. Das war so gedacht: Ich werde angerufen, fahre zu ihr hin, übernachte dort und kümmere mich um die Kinder, damit Mutter und Vater getrost ins Krankenhaus fahren können.

Ich hatte ja insgeheim gehofft, das Kind würde tagsüber kommen, aber pünktlich nachts um halb zwölf kam der Anruf: Es geht los!

Unser Auto war kaputt, also musste ich den gestressten Vater bitten mich abzuholen. Als wir das Haus meiner Freundin betraten, stand die werdende Mutter schreiend vor uns und rief: »Das Kind kommt! Das Kind kommt! Ich muss hier entbinden, es geht nicht anders.«

Ich stand mitten im Wohnzimmer und war sehr erschrocken. Selber habe ich keine Kinder, also wusste ich auch nicht, was als Nächstes passieren musste. Auch der Kindsvater war unsicher und schien ratlos. Schließlich riefen wir den Notarzt und hofften, dass er es noch rechtzeitig schaffen würde. Aber er kam erst nach dem Kind an. Also mussten wir notgedrungen Handtücher und Laken aus den Schränken zerren, der Frau unterlegen und ihr so gut wie möglich zur Seite stehen. Wenige Minuten vor der Geburt kam der Krankenwagen und ein Rettungssanitäter übernahm das Kommando.

Für mich war das eine aufregende Situation, die mich sehr geprägt hat.

Als der Arzt dann endlich kam, wickelte er das Kind in eine Lebensrettungsfolie. Es war ein erhebender Moment, der Junge lag in Goldfolie gewickelt wie ein kleines Paket auf dem Wohnzimmertisch.

Die Mutter sagte: »Willkommen Jonathan, in unserer Familie ist man immer für eine Überraschung zu haben!«

Der Arzt rief die Klinik an, weil ein Wärmebettchen gebraucht wurde, die Mutter musste wegen eventueller Komplikationen mit der Nachgeburt auch noch ins Krankenhaus gebracht werden. Eine weitere originelle Anekdote gab es, als der Arzt das Krankenhaus anrief. Am Telefon meldete er sich mit: »Hier ist Doktor Sowieso, ich bin hier im Paradies.« So hieß die Straße, in der meine Freunde wohnten: »Im Paradies«.

In der Geburtsanzeige von Jonathan stand dann: »Made in heaven, born in paradise«, also: Im Himmel gemacht und im Paradies geboren.

Wer eine Geburt durchgestanden oder miterlebt hat, der wird davon auch Geschichten erzählen können. Es ist ein unvergleichliches Erlebnis, wenn ein Mensch ganz frisch und neu auf diese Welt kommt. Unwillkürlich denkt man: Jetzt fängt alles an. Ab jetzt ist dieses Stückchen Mensch ausgeliefert an andere Menschen seiner Umgebung, denn wehren kann es sich noch nicht so richtig, und es kann sich nicht alles besorgen, was es braucht um zu wachsen.

Doch schon vor der Geburt oder *von Geburt an ist ein kleines Kind geprägt.* Und die Geschichte von Jonathan verdeutlicht mir das immer wieder: Wir kommen schon als geprägte Menschen zur Welt. Und wir selbst hinterlassen da einen Eindruck, wo wir hinkommen, und zwar immer einen ganz eigenen und persönlichen, unverwechselbaren und authentischen Eindruck. Was wir sind, bleibt bei den Menschen zurück, wenn wir weiterziehen. Wir hinterlassen immer einen Abdruck, eine Fußspur. Egal, mit wem wir es zu tun haben, egal, wohin wir kommen. Menschen erleben uns ganzheitlich. Wir können uns nicht anders darstellen, als wir sind. Das Echte an uns kommt durch. Wir alle sind das Produkt von Prägungen, die schon sehr früh angefangen haben. Wir tragen ganz eigene Erbanlagen, die bestimmen, ob wir groß oder klein werden, ob wir bestimmte Krankheiten schon mit ins Leben nehmen. Wir sind geprägt durch die Zeit der Schwangerschaft, die unsere Mütter positiv oder negativ erlebt haben, stressfrei und erwartungsvoll oder auch gestresst und ängstlich.

Kein Mensch kommt als unbeschriebenes Blatt auf diese Welt. Schon die Bibel sagt uns, dass jeder Mensch eine Vorgeschichte hat: »Ich habe dich schon gekannt, ehe ich dich im Mutterleib bildete« (Jeremia 1,5). Gott gibt jedem Menschen schon ein »Startprogramm« mit. Jedes Kind findet einige Gegebenheiten vor: Eltern, die ihre Fehler haben; Geschwister, die ihren Platz in der Familie schon eingenommen haben und nun beiseite rücken müssen für ein neues Kind; Kindergartenkinder, die konkurrieren und kämpfen, sich befreunden und miteinander spielen. Später dann Schule, Ausbildung, Beruf, Nachbarn: All das prägt unser Leben.

Wir alle haben unsere eigenen Prägungen. Viele gute und schöne Erfahrungen liegen hinter uns, aber auch viele schmerzliche, schwierige Erfahrungen, die ihren Eindruck hinterlassen haben. Und ob wir es wollen oder nicht, wir alle hinterlassen auch Prägungen, egal wohin wir kommen. Das

Wort »Eindruck« sagt es bereits: Wir hinterlassen etwas bei Menschen, die uns begegnen.

Der bleibende Eindruck ist oft der wichtigste Eindruck. So wie ich bin, so begegne ich Menschen, und so reagieren Menschen auf mich, und so präge ich auch andere Menschen. Wie bin ich eigentlich geprägt? Zu dieser Frage erzählt der schottische Schriftsteller George McDonald eine Geschichte:

Ein kleines Mädchen wächst in einem Keller auf. Nur nachts ist es ihr erlaubt, aufzustehen und das Haus zu verlassen. Tagsüber schläft sie. Tag und Nacht sind für sie vertauscht. Sie erlebt die ganze Welt nachts. Sie kennt den Mond und die Sterne, Wind und Wetter. Aber sie kennt die Sonne nicht, nur eine Lampe an der Decke, weil sie im Keller lebt. Aber eines Tages gelingt es ihr, länger aufzubleiben, und zum ersten Mal sieht sie das Tageslicht. Nach einem Leben in Finsternis entdeckt sie die Sonne.

McDonald verwendet dieses Bild um zu verdeutlichen, was alle, die mit Jesus leben, an irgendeinem Punkt in ihrem Leben erfahren haben. Zuerst: ein Leben in der Finsternis. Ein Leben ohne Gott. Ein Leben, in dem man nicht weiß, wie man warm werden soll. In dem man die Dinge nicht klar sehen kann. In dem man sich vielleicht eingesperrt fühlt. Und dann wird man, biblisch gesprochen, »versetzt in das Reich seines lieben Sohnes« (Kolosser 1,14). Den Bereich, in dem Gott uneingeschränkt herrscht. Man wird von neuem geboren. Fängt neu bei Gott an und entdeckt das Tageslicht seiner Gegenwart. Entdeckt, dass die Welt aus viel mehr besteht, als wir bis dahin kannten.

Wenn wir von neuem geboren werden, entdecken wir die Dimension Gottes in unserem Leben. Wir erwachen sozusagen aus dem Tiefschlaf und erkennen: Die Wirklichkeit sieht ganz anders aus, wenn es Gott gibt. Mit ihm kann ich die Welt Stück für Stück neu entdecken. Denn es gibt einen Gott, der mich liebt und der ganz für mich ist.

Die besten Prägungen im Leben erhalten wir dann, wenn wir geliebt werden. Wer sich geliebt und angenommen weiß, öffnet sich für Einflüsse des anderen. Alle anderen Methoden, Menschen zu prägen, üben Druck aus, machen Angst, engen ein. Wenn ein Mensch versucht, dem anderen seine Maßstäbe und Überzeugungen zu vermitteln, dann kann er das nur, wenn der andere sich freiwillig öffnet oder indem er den anderen unterdrückt, zerdrückt, an die Wand drückt, zerbricht.

Prägen kann man nur ein weiches Material. Wenn ich geliebt werde, werde ich weich, empfänglich, und dann kann sich ein Eindruck fest einprägen. Wir alle sind von Gott geliebte Menschen. Gott will uns durch seine Liebe umprägen, aber dazu müssen wir erst einmal weich und offen werden für ihn.

Manchmal befürchte ich, dass wir als Christen die Prägung der Gemeinde oder die Prägung des Christseins nur oben draufsetzen auf die alten Prägungen, die wir schon mitbringen. Vielleicht sind wir durch Erfahrungen, die wir in der Vergangenheit gemacht haben, ängstlich geworden. Möglicherweise haben wir uns nie die Zeit genommen und die Mühe gemacht, diese Ängste zu überwinden. Und dann kommt der Druck von außen, dass man als Christ doch keine Angst haben muss, und wir versuchen dem Bild zu entsprechen und keine Angst zu haben. Und wir zerbrechen vielleicht manchmal unter diesem Druck, doch die Angst bleibt.

Was hat mein Leben bis heute einschneidend geprägt? Habe ich die Erfahrung gemacht, geliebt zu werden? Kann ich überhaupt verstehen, was es heißt, dass Gott mich liebt? Welche Erfahrungen habe ich gemacht mit Vertrauen? Ist mein Vertrauen enttäuscht worden? Missbraucht worden? Und kann ich dann überhaupt lernen, Gott zu vertrauen?

Nehmen Sie sich Zeit, über die Prägungen Ihres Lebens nachzudenken. Überlegen Sie, was Sie nachhaltig beeinflusst hat, und was Sie vielleicht immer noch daran hindert, das zu tun, was Gott von Ihnen möchte.

Viele Prägungen haben mit Worten zu tun: »Du kannst das sowieso nicht!« »Lass lieber die Finger davon!« »Aus dir wird nie was!« »Du hast zwei linke Hände!« Solche Sätze stehen über unserem Leben. Bestimmte Dinge trauen wir uns nicht mehr zu. In bestimmten Bereichen fühlen wir uns nicht zu Hause. Wir stellen uns Gott nicht ganz zur Verfügung, weil wir Angst haben, weil wir geprägt sind durch negative Worte. Es ist wichtig, sich das bewusst zu machen. Vielleicht müssen wir dazu weit zurückgehen in der eigenen Geschichte und einzelne negative Erlebnisse noch einmal mit einem Seelsorger besprechen, um uns einzugestehen: Ja, an diesem Punkt in meinem Leben war ich so enttäuscht von Menschen, dass ich mir gesagt habe, ich werde mich nie wieder so öffnen. Und dann haben wir die Türe zugeschlagen. Und die Türe bleibt zu. Und die Prägung bleibt. So sind wir dann zu Menschen geworden, die sich nicht mehr öffnen können, auch nicht mehr für das Gute, das Gott schenken will.

Wir müssen zurückgehen und diese prägenden Erlebnisse, diese prägenden Worte aufarbeiten, sie Gott hinhalten und sagen: So bin ich geprägt, diese negativen Dinge sind in meinem Leben passiert. Ich bitte dich jetzt, Herr, mach du mich davon frei. Dir kann ich mich anvertrauen, bei dir muss ich keine Angst haben, dir halte ich mein Leben hin und ich bitte dich, mich neu zu prägen. Das kann heute geschehen. Und vielleicht fällt Ihnen irgendetwas ein, wo Sie merken: Da bin ich noch blockiert, da bin ich negativ geprägt, da reagiere ich auf andere Menschen negativ, weil das immer in die gleiche Kerbe haut. Und da muss ich Heilung erleben.

Es gibt viele Möglichkeiten zur Seelsorge, zum Gespräch. Nutzen Sie diese Möglichkeiten. Werden Sie Bitterkeit, Wut, Enttäuschungen los. Dinge, die Sie immer mit sich herumschleppen. Auch wenn man versucht, innerhalb der Gemeinde oder in der Familie das alles unter den Teppich zu kehren, es kommt dennoch durch.

Andere Menschen spüren, wie wir geprägt sind. Ob wir eine positive Ausstrahlung haben oder nicht. Ob wir ehrlich sind, wenn wir über unseren Glauben reden, oder ob wir viele unverarbeitete Dinge mit uns herumtragen, auf die der Glaube obendrauf gegossen wird wie ein Guss, der alles zukleistern soll, was darunter liegt.

Ich habe mir die Frage gestellt: Wer hat mein Leben nachhaltig geprägt? Natürlich meine Mutter. Mit ihrem Lebensstil, mit ihren Erwartungen an das Leben. Mit den Werten und Normen, mit dem Lebensgefühl, das sie mir vermittelt hat. Wenn Sie Mutter sind, machen Sie sich bewusst, dass Sie langfristig Menschen prägen, durch Ihre Einstellung zum Leben, durch Ihr Verhalten, durch Ihren Mut, aber auch durch Ihre Ängstlichkeit. Die Menschen, die Ihnen anvertraut sind für einige Jahre, in denen sie noch stark geprägt werden können, haben vielleicht nur Sie als einflussreiche Person in den ersten Jahren. Nehmen Sie sich Zeit zu überlegen: Wie will ich prägen? Was will ich meinem Kind mitgeben? Was lohnt sich weiterzugeben?

Mich haben auch andere Frauen geprägt. In Duisburg, wo ich herkomme, gab es eine Diakonisse, die hieß Schwester Wilhelmine. Wenn ich mich an meine Kindheit erinnere, dann kommt mir immer wieder Schwester Wilhelmine auf ihrem Fahrrad vor Augen, wie sie meine Wege durch die Straßen, zur Schule, zur Freundin kreuzte. Ich liebte diese Schwester heiß und innig, weil sie unseren Kindergottesdienst leitete. Gleichgültig, wie viele Kilometer sie noch entfernt war, habe ich sie an ihrer Tracht erkannt und aus vollem Hals geschrien: »Schwester Wilhelmine!« Weil ich diese Frau als positiv erlebt habe. Als kleines Kind schon habe ich gemerkt: Hier ist jemand, der hat Jesus lieb. Auch wenn ich das noch gar nicht in Worte fassen konnte, nicht einordnen konnte, ich habe mich einfach in ihrer Gegenwart wohl gefühlt, entspannt. Ich wollte immer nahe bei ihr sein, weil sie etwas hatte, das sonst in meiner Umgebung keiner hatte. Und erst sehr viele Jahre später, als ich selbst Christ wurde, habe ich verstanden, was mich eigentlich so an Schwester Wilhelmine angezogen hatte. Es waren nicht die Tracht und das Fahrrad und die äußeren Dinge. Es war ihre Liebe zu Jesus. Die hat in mir etwas zum Klingen gebracht, eine Sehnsucht. Mir war klar: Bei der Frau kann ich mich wohlfühlen. In deren Nähe kann ich leben.

Solche Frauen möchten wir alle gerne sein, davon gehe ich aus. Und manche von uns sind auch so, ohne es zu wissen. Und wenn Sie sich in Ihrer Gemeinde umhören, gibt es auch dort sicher Frauen, denen viele die Liebe Gottes abspüren, in deren Gegenwart sich viele wohlfühlen. Solche Frauen können eine ganze Gemeinde, eine ganze Generation prägen.

Aber Gott hat nicht nur diesen Frauen, sondern uns allen einen doppelten Auftrag gegeben. Schon auf den ersten Seiten der Bibel steht er:

Und Gott schuf den Menschen zu seinem Bilde, zum Bilde Gottes schuf er ihn; und schuf sie als Mann und Frau. Und Gott segnete sie und sprach zu ihnen: Seid fruchtbar und mehret euch und füllet die Erde und machet sie euch untertan und herrschet über die Fische im Meer und über die Vögel unter dem Himmel und über das Vieh und über alles Getier, das auf Erden kriecht.

Das ist der eine Teil des Auftrags, den Gott uns gegeben hat: *Wir sollen uns um diese Welt kümmern*. Gott hat diesen Auftrag niemals zurückgenommen. Er ging auch an uns Frauen. Und er gilt noch heute: Wir sollen die Erde unter der Herrschaft Gottes verändern. Ein wichtiger Auftrag.

Jede von uns ist an einen ganz anderen Platz gestellt, kennt ganz andere Menschen, hat einen eigenen Beruf, eine eigene Aufgabe, einen eigenen Bekanntenkreis. Und jede von uns kann nur da etwas erreichen, wo sie steht. Aber dort kann sie es.

Ich stelle mir das in etwa vor wie einen riesigen Dschungel, der gerodet wird. Erst wird ein Stück gerodet, dann wird ein Haus gebaut. So entsteht Stück für Stück eine Stadt. Auf ähnliche Art und Weise können wir – gerade als Frauen – Stück für Stück das Gesicht dieser Welt verändern.

Die Welt um mich herum aktiv prägen heißt: Ich nehme mir etwas vor und setze es in die Tat um. Und vielleicht finde ich noch andere Frauen, die das mit mir tun.

Wenn ich dagegen passiv bleibe, sage ich mir ständig: Ich kann das sowieso nicht. Die anderen machen das viel besser, also mache ich lieber gar nichts. Auch solch passives Verhalten prägt die Welt und das Bild einer Gemeinde. Es werden Lücken entstehen, wenn Sie Ihren Platz nicht einnehmen.

Wer berufstätig ist, weiß: In der *Berufswelt* ist es wichtig, als Frau mit Jesus unterwegs zu sein. Am Arbeitsplatz kann enormer Druck entstehen. Die Gesetzmäßigkeiten, die dort herrschen, sind anders als die in unseren Gemeinden, im Positiven, aber auch im Negativen. In einem Gespräch erwähnte eine junge Unternehmerin mir gegenüber, dass sie in ihrem Unternehmen in einem Team aus Männern und Frauen sehr erfolgreich arbeitet. Wenn Aufgaben verteilt werden, wird nur gefragt: Wer kann was am besten bewältigen? In ihrer Gemeinde erlebt sie genau das Gegenteil. Weil sie eine Frau ist, darf sie ihre Fähigkeiten nicht einbringen. Bevor sie anpacken darf, muss erst ganz zweifelsfrei feststehen, dass es keinen Mann gibt, der es eventuell besser machen könnte. Das ist schade. Ich glaube auch nicht, dass ein solches Verfahren Gottes Willen entspricht. Gott braucht alle in der Gemeinde, jeden Mann und jede Frau mit seinen und ihren Gaben. Es wäre eine Verschwendung von Ressourcen, wenn Frauen, nur weil sie Frauen sind, ihre Gaben nicht in die Gemeinde einbringen dürften. Denn wir alle verfügen über Gaben, die Gott uns gegeben hat. »Ich will meinen Geist ausgießen über alles Fleisch«, heißt es im Buch des Propheten Joel. Der Geist Gottes bringt immer seine Gaben mit. An keiner Stelle in der Bibel gibt es Unterscheidungen zwischen Gaben für Frauen und Gaben für Männer. Männer wie Frauen sind von Gott beauftragt, ihre Gaben einzubringen und

diese Welt, die ja nun wirklich alles andere ist als gottgefäl-
lig, zu verändern. Sie zurückzubringen zu dem eigentlichen
Plan des Schöpfers.

Am Arbeitsplatz geht das durch Hingabe an Jesus, Loya-
lität zu den Kollegen und ganzen Einsatz. Durch solches Verhalten sage ich: Das Beste was ich habe, das Beste was ich
kann, gebe ich, an meiner Arbeitsstelle genauso wie in der
Gemeinde. Ich will Jesus Ehre machen mit dem, was ich tue.

Wenn man von Prägung spricht, denkt man automatisch zuerst an die *Familie*. Dabei geht es nicht nur um den engsten
Kreis, sondern unser Handeln kann weit reichende Folgen haben: Eine afrikanische Bekannte von mir, Judy Mbugua, hat
ein Buch geschrieben, in dem sie viel über die Situation der
Frauen in Afrika berichtet, die oft sehr schwierig ist. Aber anstatt sich selbst zu bemitleiden, ist ihre Aussage: Wir Frauen
sind doch eigentlich auch zu einem Teil selber schuld. Wir erziehen Kinder, die nächste Generation, und wenn wir bei der
Erziehung einen Unterschied machen zwischen Jungen und
Mädchen, programmieren wir das Verhalten ja schon vor für
die nächste Generation. Sie sagt: Wenn ich mein Mädchen
spülen helfen lasse und meinen Jungen zum Spielen raus-
schicke, präge ich das Verhalten von beiden. Den Gedanken,
dass man nicht nur die eigenen Kinder erzieht, sondern das
Verhalten der ganzen nächsten Generation mitprägt, finde ich
beeindruckend.

Erziehung ist auch deshalb eine so wichtige Aufgabe. Jeder Frau, die diese Aufgabe übernommen hat, kann ich nur
Mut machen, ihre Kraft und Zeit und Energie an dieser Stelle zu investieren, wo sie wirklich gebraucht werden.

In der *Nachbarschaft* werden wir beobachtet. Oft ist es so, dass wir entweder das Etikett »die Frommen« tragen, das hat dann schon einen etwas negativen Touch. Oder die Leute sagen: Die ist ja eine ganz nette Frau, aber die gehört zu so einer komischen Kirche. Es macht schon einen großen Unterschied, wie wir wahrgenommen werden. Gelingt es uns, in unserer Nachbarschaft einen positiven Eindruck zu hinterlassen? Und wie schaffen wir das?

Meiner Erfahrung nach gelingt das am besten dann, wenn wir Menschen freundlich und liebevoll begegnen, ein offenes Ohr für sie haben. Wenn wir beim Einkaufen oder im Treppenhaus unser Herz öffnen für andere, die vielleicht gar keinen mehr haben, der ihnen zuhört.

Ich fuhr am Donnerstag zu einer Sitzung nach Frankfurt, und im Hauptbahnhof an einem Zeitungsstand redete eine sehr aufgeregte Frau unaufhörlich auf die Verkäuferin ein. Der war das furchtbar peinlich, sie wollte gar nicht zuhören und beschäftigte sich mit ihren Büchern und Zeitschriften. Sie signalisierte ganz deutlich: Ich will das alles gar nicht hören! Aber die andere Frau hatte offensichtlich große Probleme und wusste wahrscheinlich in ihrer Not überhaupt nicht, wo sie hingehen sollte, und so sprudelte es eben alles hier aus ihr heraus.

Es gibt viele Menschen, die keinen mehr haben, der ihnen zuhört. Vielleicht können Sie in Ihrer Nachbarschaft ein Mensch sein, der zuhören kann. Gerade wenn sie älter sind, allein leben, Zeit haben, möchte ich Ihnen Mut machen, da wo Sie leben, Menschen zu prägen durch Ihr Verhalten.

Auch über unsere Nachbarschaft hinaus können wir uns einmischen. Wir Frauen ziehen uns manchmal viel zu schnell aus den größeren Zusammenhängen zurück. Warum lassen wir uns eigentlich alles bieten, was über den Fernsehbildschirm flackert? Warum wehren wir uns nicht? Warum rufen wir nicht bei den Fernsehsendern an und sagen: Das gefällt mir nicht, was da läuft. Das sollte nicht um diese Uhrzeit laufen. Um diese Uhrzeit sitzen meine Kinder vor dem Fernseher, ich möchte nicht, dass sie so etwas sehen.

Warum nehmen wir so vieles einfach hin? *Wir haben den Auftrag Gottes und die Möglichkeit, die Gesellschaft zu prägen, in der wir leben. Tun Sie es!* Man kann sich Telefonnummern besorgen, man kann mitmischen, man kann mitreden und sich engagieren da, wo es sich lohnt.

Der zweite Teil des Auftrags, den Gott uns gegeben hat, ist die Weltmission. Gott möchte, dass wir in alle Welt gehen und das Evangelium allen Völkern verkündigen. Das ist heute leichter denn je, denn wir alle leben wahrscheinlich in der Nachbarschaft zu Menschen aus anderen Ländern. Wir müssen nicht unbedingt erst mit dem Flugzeug und Containerschiff nach Übersee reisen; wir haben vielleicht türkische Nachbarn, jugoslawische Nachbarn, italienische Nachbarn, eine Pizzeria, wo wir immer essen gehen, ein griechisches Restaurant, wo wir uns einen schönen Abend gönnen. Nehmen wir die Menschen, die da arbeiten, als Menschen wahr? Sind uns unsere Nachbarn etwas wert? Auch die ausländischen Nachbarn? Wollen wir sie prägen? Haben wir verstanden, wie wichtig unser Auftrag ist, Jesus überall da bekannt zu machen, wo wir leben?

Ich möchte Ihnen Mut machen, die ganze Vielfalt Ihrer Möglichkeiten zu sehen. Lassen Sie sich selbst von Gott so prägen, dass Sie einen angenehmen Eindruck hinterlassen, wenn Menschen Ihnen begegnen. Das können wir nicht aus

eigener Kraft. Wir brauchen Heilung, wir brauchen Vergebung, wir brauchen Erneuerung. All das kann Gott uns schenken, und daran müssen wir arbeiten. Wir müssen uns auf den
Weg machen. Wir müssen uns zum Beispiel eingestehen: Ich
merke, ich werde bitter. Und das kann ja nicht sein. Ich will
ja so sein wie Jesus. Ich muss mich wohl daran machen, die
Wurzel der Bitterkeit auszureißen, ich muss umkehren, Buße
tun, vergeben.

Frauen prägen das Gesicht dieser Welt. Gott wirkt
durch uns. Was wäre die Welt ohne Frauen, die etwas bewegt
haben? Was wäre Ihre Gemeinde ohne die Frauen, die dort etwas bewegen? Überlegen Sie einmal, wie viele Frauen da im
Hintergrund oder im Vordergrund aktiv sind. Die Welt bewegt
sich, weil Frauen mitarbeiten.

Gott hat Sie vielleicht mit Absicht in die Straße ziehen lassen, in der Sie jetzt wohnen. Vielleicht sind Sie die einzige
Christin in dieser Straße. Und vielleicht sind alle Ihre Nach-
barinnen Ihr Auftrag. Oder die Mütter der anderen Kindergartenkinder oder Schulkinder. Vielleicht werden die nie einen anderen Christen so hautnah erleben können wie Sie.
Vielleicht gilt Ihr Auftrag für diese Menschen, und damit
meine ich nicht nur das Reden über Jesus, sondern ich meine
den bleibenden Eindruck, den wir hinterlassen durch das, was
wir sagen, und durch das, was wir tun.

Vor einigen Tagen sprach ich mit einer Frau nach dem Gottesdienst. Sie erzählte, dass sie mitten im Alltagsstress plötzlich den Gedanken hatte, einen Kuchen zu backen und ihn zu
einer Familie in ihrer Nachbarschaft zu bringen. Sie wollte
erst den Gedanken gleich verwerfen, weil sie so viel zu tun

hatte. Doch, so sagte sie, sie hat inzwischen gelernt, dass solche Impulse auch von Gott sein können und deshalb folgte sie dem Impuls. Sie hat den Kuchen gebacken und der Familie gebracht. Ein Kind nahm ihn an der Tür an. Wenige Tage später traf sie die Mutter. Und die erzählte dann den Rest der Geschichte. An jenem besagten Tag hatte eines der Kinder der Familie Geburtstag. Die Mutter lag aber krank im Bett. Das Kind wünschte sich nichts mehr als einen Geburtstagskuchen. Doch die Mutter konnte den Wunsch nicht erfüllen, weil es ihr so schlecht ging. Dann klingelte es und das Kind ging zur Tür. Es kam zurück mit einem Kuchen in der Hand und sagte: »Mama, da war gerade ein Engel und hat mir meinen Kuchen gebracht!« Auch wenn die Frau kein Engel war, so war sie doch ein Bote der Liebe Gottes. Und dieses Erlebnis hat das Kind sicher nachhaltig geprägt. Gott sieht mich und kennt meine Wünsche. Und manche erfüllt er sogar.

Wenn wir unser Leben betrachten wie eine Münze, dann müsste an der Stelle, wo der Wert steht, verzeichnet sein: Unbezahlbar. *Du bist unbezahlbar*. Dein Wert ist unermesslich. Denn der Sohn Gottes, Jesus Christus, hat sein Leben für dich gegeben, als Lösegeld. Unbezahlbar. Geliebt. Wertvoll. Das ist die Prägung für unser Leben. Ich bin von Gott geliebt.

Und wie die Münze in Umlauf ist, so sollen wir das Reich Gottes ausbreiten. Und das fängt bei den kleinen Dingen an: Dass wir uns einsetzen für die, die unsere Hilfe brauchen. Dass wir die Wahrheit sagen, wo andere nicht mehr die Wahrheit sagen. Dass wir Gottes Maßstäbe bekannt machen und selber umsetzen im eigenen Leben. Das ist die Prägung auf der Münze für das Land, in dem wir leben. Wir sind Bürger im Reich Gottes.

Das Symbol auf unserer Münze ist kein Adler und kein Eichbaum, Zeichen für Stärke und Sieg. Das Symbol, das uns kennzeichnet, ist das Kreuz, das für den gekreuzigten Christus steht, der für unsere Schuld bezahlt hat. Er hat durch seinen Tod den Tod überwunden.

Ich wünsche Ihnen und mir den Mut, diese Welt zu verändern. Zu prägen, wo wir sind, mit den Möglichkeiten, die wir haben. Mit der Sehnsucht unserer Herzen nach dem Reich Gottes. Gott hat mich und Sie ausgesucht, damit diese Welt anders wird. Und die Menschen um uns herum nehmen uns für bare Münze. Deshalb lassen Sie uns geprägt sein von Christus. Mit dem unendlichen Wert. Geliebt, gerettet, mit der Zugehörigkeit zum Reich Gottes und mit dem Symbol des Kreuzes. Der Tod ist überwunden, wir haben nichts mehr zu verlieren.

Auf dem Weg zu Gott

In diesem Buch sind Vorträge abgedruckt, wie ich sie im ganzen Land halte. Dabei habe ich ein Ziel: dass Menschen Gott kennen lernen. Erlauben Sie mir an dieser Stelle, einmal Sie ganz persönlich anzusprechen: Kennen Sie Gott schon? Leben Sie mit ihm? Sind Sie interessiert, ein Leben mit ihm zu beginnen? Dann kann Ihnen das Folgende Hilfestellung sein.

»Du bist der Gott, der mich sieht.« So ist der Titel dieses Buches.

Was Gott in uns sieht

Was sieht Gott denn, wenn er uns ansieht?

Wenn Gott Sie anschaut, sieht er einen Menschen, dem er das Leben geschenkt hat, einen Menschen, den er schon von Anfang an kannte und um dessen Liebe und Aufmerksamkeit er von Anfang an geworben hat.

Wenn Gott Sie anschaut, sieht er einen Menschen, dessen Leben von eigener Schuld beschädigt oder sogar zerstört ist. Wir alle sind nicht so, wie Gott uns in seiner Liebe eigentlich ausgedacht hat. Die Bibel sagt uns, dass wir alle Sünder sind; Menschen, die von Gott getrennt sind. Im Römerbrief 3,23 heißt es: »*Denn darin sind die Menschen gleich: Alle sind Sünder und haben nichts aufzuweisen, was Gott gefallen könnte.*« Wir haben vielleicht lange Phasen unseres Lebens ohne eine Beziehung zu Gott gelebt. Wir sind selbst aktiv schuldig geworden und haben gegen Gottes Gebote verstoßen. Doch wir sind nicht nur Täter, wir sind oft auch Opfer. Andere Menschen haben uns verletzt.

Wenn Gott Sie anschaut, sieht er das Potential, das er in Sie hineingelegt hat. Und das nur durch Ihre Hinkehr zu Gott

freigelegt und richtig aktiviert werden kann. Wir haben natür-
liche Begabungen und Talente, die wir zur Ehre Gottes einsetzen sollten, nicht nur zu unserer eigenen Ehre.

Was Sie tun können

Nun kommt die wichtigste Frage an Sie: *Was können und
sollen Sie tun?*

Gott bietet Ihnen an, ihn persönlich kennen zu lernen. Das
kann beginnen, indem Sie mit ihm Kontakt aufnehmen, also
beten. Mit ihren eigenen Worten können Sie mit Gott reden.
Auf die Formulierung kommt es nicht an. Sie können als
Gottes Kind das, was in Ihrem Herzen ist, so sagen, wie Sie
es Ihrer besten Freundin sagen oder Ihrem Partner, eben einem Menschen, dem Sie vertrauen. Sie können zum Beispiel
folgende Worte wählen: *»Gott, ich erkenne, dass es dich gibt.
Wenn das stimmt, dann will ich dich kennen lernen. Ich will
meine Bilder von dir korrigieren lassen. Bitte zeig dich mir,
wie du wirklich bist.«*

Gott nimmt Sie an, wie Sie sind. Er weiß, was Sie denken,
was Sie getan haben, wo Sie schuldig geworden sind. Vor ihm
gibt es keine Geheimnisse. Vor ihm muss man aber auch
nichts verstecken.

In Johannes 6,37 verspricht Jesus Christus: *»Wer zu mir
kommt, den werde ich nicht hinausstoßen.«*

Deshalb können Sie als nächsten Schritt im Gebet folgendes sagen:

*»Ich erkenne, dass du Gott bist. Und dass ich ein sündiger
Mensch bin. Bitte vergib mir meine Schuld, mach mich sensi-
bel für alles, was deinem Willen nicht entspricht. Ich nenne
dir die Dinge, die mir jetzt schon einfallen. (Hier ist der Ort
für die Aussprache von Dingen, die ich falsch gemacht habe,*

wo ich Menschen verletzt habe, wo ich schuldig geworden bin.) Ich danke dir, dass ich vor dir ehrlich sein darf. Ich danke dir, dass du für meine Schuld am Kreuz gestorben bist. Danke, dass du mir vergibst.«

Wer so betet, darf wissen, dass Gott zu seinem Wort steht, wie es in 1. Johannes 1,9 steht: *»Wenn wir aber unsere Sünde bereuen und sie bekennen, dann dürfen wir darauf vertrauen, dass Gott seine Zusage treu und gerecht erfüllt: Er wird unsere Sünde vergeben und uns von allem Bösen reinigen.«*

Gott will durch seinen Heiligen Geist in unseren Herzen wohnen. Stellen Sie sich Ihr Leben als ein leer stehendes Haus vor. Gott will einziehen, will dort der Hausherr sein. Wir können Gott immer nur als Herrn willkommen heißen, nicht als Untergebenen oder Dienstleister. Wenn ich Gott einlade, in mein Leben zu kommen, dann kommt er als der Herr über mein Leben. Und dann verändert sich mein Leben.

Folgendes können Sie Gott sagen: *»Ich bitte dich, in mein Leben zu kommen. Bitte nimm mein Leben in deine Hand und verändere mich nach deinem Willen. Ich freue mich, dass ich mit dir leben darf. Sei du mein Herr und zeig mir jeden Tag, was du mit mir vorhast.«*

Dann dürfen Sie erfahren, was in Offenbarung 3,20 steht: *»Merkst du es denn nicht? Noch stehe ich vor der Tür und klopfe an. Wer jetzt auf meine Stimme hört und mir die Tür öffnet, bei dem werde ich einkehren. Gemeinsam werden wir das Festmahl essen.«*

Gott schenkt Ihnen seinen Heiligen Geist. Es gibt eine leere Stelle in unseren Herzen, die nichts und niemand ausfüllen kann. Genau dorthin kommt Gottes Geist, der jedem beim Anfang eines neuen Lebens mit Gott geschenkt wird. Eigentlich ist der Mensch dazu geschaffen, in dieser intensiven

Beziehung zu Gott zu leben. Deshalb ist dieser Einzug des Geistes Gottes immer auch etwas Frohmachendes und Erfüllendes. Manche haben das Gefühl, dass sie nach Hause kommen, oder dass sie endlich das gefunden haben, was sie schon so lange gesucht hatten. Der Geist Gottes tritt mit unserem Verstand, unserem Geist in Verbindung und erklärt uns mehr über Jesus und über ein Leben als Christ. Deshalb können Sie so beten: *»Danke, dass du mir den Heiligen Geist gibst. Ich will lernen, ihm Raum zu geben in meinem Leben und durch sein Wirken auf dich, Gott, zu hören.«*

Und dann erfahren Sie, was in Römer 8,14-16 steht: *»Alle, die sich vom Geist Gottes regieren lassen, sind Kinder Gottes. Denn der Geist Gottes führt euch nicht in eine neue Sklaverei; nein, er macht euch zu Gottes Kindern. Deshalb dürft ihr furchtlos und ohne Angst zu Gott kommen und ihn euren Vater nennen. Gottes Geist selbst gibt uns die innere Gewissheit, dass wir Gottes Kinder sind.«*

Konkrete Schritte in das neue Leben

Wenn Sie so auf Gott zugehen und mit ihm leben wollen, dann dürfen Sie fest wissen, dass Gott seinen Teil der Vereinbarung einhält. In Johannes 1,12 heißt es: *»Die ihn aber aufnahmen und an ihn glaubten, denen gab er das Recht, Kinder Gottes zu sein.«*

Gott kommt in Jesus Christus, um in Ihnen zu leben. Er schenkt Ihnen seinen Geist. Er führt und leitet Sie fortan und schenkt Ihnen ein neues Leben.

Für dieses neue Leben gibt es viele Hilfestellungen. Zum einen sind Sie nicht allein auf Ihrem Weg. Auf der ganzen Welt und sicher auch an dem Ort an dem Sie leben, gibt es noch mehr Christen, die in dieser Weise mit Gott verbunden sind. Mit ihnen können Sie Gemeinschaft haben. Von ihnen können Sie lernen, denn sie leben ja schon länger mit Gott. Mit ihnen sind Sie in eine *Familie Gottes* eingebunden, zu der das gegenseitige Geben und Nehmen gehört. Suchen Sie sich also eine christliche Gemeinde in Ihrer Nähe, in der Sie Anschluss finden können.

Über Gott kann man nie genug erfahren. Am Besten finden Sie die Informationen, die Sie zunächst brauchen, in der *Bibel*. Kaufen Sie sich eine Bibelübersetzung, die sich gut liest. Dann nehmen Sie sich jeden Tag Zeit, mehr über Gott zu lernen. In Kolosser 3,16 heißt es: *»Lasst das Wort Christi seinen ganzen Reichtum bei Euch entfalten.«*

Manchmal ist es hilfreich, sich einen Stift zu nehmen und beim Lesen Zeichen an den Rand zu machen.

Ein Fragezeichen an die Stellen, die Sie nicht verstehen. Diese Fragen kann man dann erfahreneren Christen stellen und Antworten finden.

Ein Ausrufezeichen an die Stellen, die Ihnen Impulse für Ihr neues Leben geben: So kann ich also handeln!

Ein Herz an die Stellen, die Ihnen die Liebe Gottes groß machen, oder die Sie besonders im Herzen anrühren. So oder ähnlich könnte der Einstieg ins Bibellesen aussehen. Aber auch das Lesen von christlicher Literatur und besonders von Biografien aus allen Jahrhunderten und aus allen Teilen der Erde öffnet den Horizont.

Bringen Sie sich ein in eine christliche Gemeinde in Ihrer Nähe. Jeder Christ hat von Gott ein ganzes Paket an *Gaben* geschenkt bekommen. Die müssen entdeckt und entwickelt werden. Das kann am besten in der Gemeinde geschehen. Gabentests oder auch Gespräche mit Menschen, die Sie gut kennen, können Sie auf Ihre Gaben aufmerksam machen.

In Epheser 4,7 steht: »*Jedem Einzelnen von uns aber hat Christus besondere Gaben geschenkt, so wie er sie in seiner Gnade jedem zugedacht hat.*«

Bleiben Sie *mit Gott selbst im Gespräch*. Er ist der Wichtigste in Ihrem neuen Leben. Er ist an Ihnen interessiert und begleitet Sie ununterbrochen. Deshalb können wir auch jederzeit mit ihm reden, das Leben mit ihm teilen. Er ist immer da. Das offene und ehrliche Gespräch mit ihm ist so wichtig. Nehmen Sie sich vor, für die Menschen in Ihrer Umgebung zu beten, die Jesus noch nicht kennen. Segnen Sie im Gebet Menschen, die Ihnen nicht wohl gesonnen sind und bitten Sie Gott, Ihnen Weisheit und Liebe für diese Menschen zu schenken. In Philipper 4,6 werden wir ermutigt: »*Macht euch keine Sorgen! Ihr dürft Gott um alles bitten. Sagt ihm, was euch fehlt, und dankt ihm!*«

Reden Sie über Ihren Glauben. Wir müssen uns nicht schämen, wenn wir an Gott glauben. Im Gegenteil. Ein fröhliches Berichten über Ihre Erfahrungen mit Gott wird andere auf die Möglichkeit hinweisen, selbst mit Gott zu leben. Bei manchen Menschen um Sie herum wird es länger dauern, bis sie sich darauf einlassen können. Wir dürfen anderen den Glauben nicht aufdrängen. Aber fröhlich erzählen, was es uns bedeutet, mit Gott zu leben, das kann nicht falsch sein. Jesus verheißt in Matthäus 10,32: »*Wer sich öffentlich zu mir bekennt, für den werde ich auch vor meinem Vater im Himmel eintreten. Wer aber vor den Menschen nicht zu mir steht, für den werde ich auch vor meinem Vater im Himmel nicht eintreten.*«

Nun stehen Sie am Anfang eines sehr spannenden und lohnenden Lebens mit Gott. Ich wünsche Ihnen von Herzen gute Erfahrungen der Güte Gottes und viel Freude an allem, was Sie entdecken werden.   Ihre Elke Werner